GUERRA
en la CIUTAT
1936-1939
Col·lecció Monreal-Cabrelles

DIPUTACIÓ DE VALÈNCIA;
MUSEU VALENCIÀ D'ETNOLOGIA

President de la Diputació de València
Alfonso Rus Terol

Diputat de Cultura
Vicente Ferrer Roselló

Diputat de Gestió de Museus
Salvador Enguix Morant

Director Museu Valencià d´Etnologia
Joan Gregori i Berenguer

Cap de la Unitat de Difusió, Didàctica i Exposicions
Santiago Grau Gadea

EXPOSICIÓ

Producció
Museu Valencià d'Etnologia
Unitat de Difusió, Didàctica i Exposicions

Comissariat i coordinació
Sunció García Zanón
Santiago Grau Gadea
Robert Martínez Canet

Disseny projecte expositiu
Pepe Beltrán Jolí

Equip tècnic-científic
Andrés Marín Jarque
Alexia Milán Inarejos

Documentació
Esteban Monreal
Biblioteca-Centre de Documentación Museu Valencià d´Etnologia
Archivo Fotográfico del Museu Valencià d´Etnologia

Coordinació muntatge
Pepe Beltrán Jolí
amb la col·laboració
d'Andrés Marín Jarque

Arts finals i reproduccions gràfiques
Vanesa Mora Casanova
Espirelius

Restauració documents
Cristina Jiménez Nonnast
amb la col·laboració de
Emilia Rueda Falcó
Mar Durá Sánchez

Interactiu: "Guerra hui: dilema"
Alex Peña Carbonell
Render

Instal·lació: "Fotografiant la guerra"
Andrés Marín Jarque
Alexia Milán Inarejos

Coordinació administrativa
Josep Marí i Mollà

Relacions externes
Pepa Ureña Castillo

Coordinació activitats didàctiques i d'animació
Francesc Tamarit Llop

Muntatge obra
Cristina Jiménez Nonnast
Mar Mateo Belda
Emilia Rueda Falcó

Muntatge Instal·lació
Taller Creativo
amb la col·laboració de
José Tamarit Dolz
Amadeo Moliner Blay

Pintura
Daniel Cervera Aznar

Fusteria
Taller Creativo
Sebastián López CB

Traducció al valencià
Unitat de normalització lingüística
Diputació de València

Fons exposats
Col·lecció Monreal-Cabrelles
Biblioteca Valenciana
Col·lecció Kristian Abad-Asociación Línea XYZ
Col·lecció Manuel Ferrando
Col·lecció Víktor Ferrando
Col·lecció García Zanón
Col·lecció Pascual Marzal
Col·lecció Ogaya
Col·lecció Alejandro Peña
Col·lecció Alfons Villa Moreno
Museo Histórico Militar de Valenciano
Museu Valencià d´Etnologia

Agraïments

Antonio Alfaro
Jordi Alvir
Àngel Beneito Lloris
Archivo Fotográfico Diputación de Castellón
Biblioteca Museu Valencià d´Etnologia
Salvador Calabuig Sorlí
José María Candela Guillén
Mari Carmen Cañada
Albert Costa Ramón
Xavier Crespo
Jorge Cruz Orozco
Dacsa Produccions
Isabel Díaz Martínez
Pablo Doménech Jordá
Francesc Ferrando Vila
Raquel Ferrero Gandía
Simón Fiesta Martí
Laura Fornas Iranzo
Corinna Gerich
Ana González Romero
Emilia Llamas Fernández
Josep Marí i Mollà
José María Marín Doménech
Andrea Marín Jimenez
José Moreno
José Peinado Cucarella
Joan Seguí Seguí
Gloria Tello Company
Ana Tur Sanahuja
Zoe Imagen Arts

GUERRA
en la CIUTAT
1936-1939
Col·lecció Monreal-Cabrelles

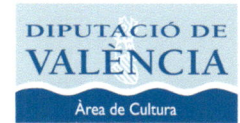

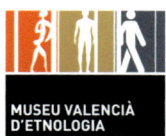

CATÀLEG:

Edició
  Museu Valencià d´ Etnologia
  Diputació de València

Coordinació edició
  Robert Martínez Canet

Autors articles
  Manuel Delgado Ruiz
  Sunció García Zanón
  Santiago Grau Gadea
  Robert Martínez Canet
  Gervasio Sánchez
  Nicolás Sánchez Durá
  Romà Seguí Francés

Fotografies
  Biblioteca Valenciana
  Simón Fiesta Martí
  Museu Valencià d´Etnologia
  Zoe Imagen Arts

Fotografia de documents
  Heïno Kalis
  Miguel Ángel Ortells

Disseny i maquetació
  Espirelius

Impremta
  Pentagraf Impresores S.L.

ISBN.: 978-84-7795-484-2

D.L.: V-4903-2007

Totes les il·lustracions formen part de la col·lecció Monreal-Cabrelles, excepte les incloses en l´article de Nicolás Sánchez Durá i les de les pàgines 12, 13, 117, 119, 129 i 130 que formen part de les col·leccions del Museu Valencià d'Etnologia.

L'exposició que presenta el Museu Valencià d'Etnologia, Muvaet, s'inserix, com no podia ser d'una altra manera, en la rememoració dels mesos (ara fa setanta anys) en què la ciutat de València va ser la «seu de les institucions de l'Estat», que mai no capital de la República espanyola, la qual mai no va deixar de ser Madrid. És en eixe marc on cal entendre la proliferació de mostres, congressos i actes culturals diversos que vénen celebrant-se al llarg d'enguany.

La particularitat de la mostra «Guerra en la ciutat, 1936-1939. Col·lecció Monreal-Cabrelles» és doble. D'una banda oferix al públic valencià i forà la possibilitat d'accedir a la col·lecció Monreal-Cabrelles de la qual, fins ara, tan sols havien sigut exposades no més de mitja dotzena de peces de les vora 3000 que la componen. D'esta manera el Museu València d'Etnologia, Muvaet, contribuïx a incrementar els fons documentals amb què els estudiosos i la societat valenciana en general compten per a aprofundir en l'estudi d'este moment històric. D'altra banda, l'enfocament de l'exposició, que fuig d'una perspectiva historicista, pretén anar més enllà de l'últim conflicte civil espanyol, per a incitar a una reflexió sobre situacions i fenòmens que es troben en tots les guerres: l'impacte de la tecnologia militar sobre la població civil, la militarització dels més diversos aspectes de la vida diària, el paper de la propaganda i dels mitjans d'informació. En resum, una incitació a pensar sobre la guerra com a fenomen social total.

ALFONSO RUS TEROL

President de la Diputació Provincial de València

La guerra és un fenomen social que acompanya l'ésser humà des de temps immemorials. Llargues polèmiques entre biòlegs, etòlegs, historiadors i antropòlegs no han resolt quina és la clau (en què es creuen de forma inextricable les bases biològiques de la conducta i el condicionament cultural) que explica el perquè de l'agressivitat humana.

Atzars de la història han fet que siga l'art rupestre llevantí el que ens oferix una de les primeres representacions bèl·liques de la història humana. Per tant, la guerra no és un element desconegut pels valencians (com per cap altre poble del planeta, d'una altra banda). Posar en contacte el passat i el present per mitjà de l'estudi de pautes culturals és, entre altres coses, el deure d'una institució com el Museu Valencià d'Etnologia (Muvaet) que vol amb les seues exposicions temporals i monogràfiques estimular la reflexió sobre les constants de la cultura humana, fenòmens que trobem tant en les societats tradicionals com en el món de hui. La guerra és, qui ho pot dubtar, una d'eixes constants.

Esta és, per tant, no sols una mostra sobre la Guerra Civil Espanyola de 1936-1939, sinó una mostra sobre la guerra que partix d'este enfrontament concret per a generar en el visitant un pensament sobre el paper de la guerra en la societat humana.

VICENTE FERRER ROSELLÓ

Diputat de l'Àrea de Cultura de la
Diputació Provincial de València

L'exposició «Guerra en la ciutat, 1936-1939. Col·lecció Monreal-Cabrelles» es presenta en el Museu Valencià d'Etnologia sense ànim de participar en polèmiques i amb interés de participar en un intercanvi d'idees, de valoracions, de sensacions respecte a un fet històric que encara genera com pocs quantitats ingents de llibres, revistes especialitzades, pel·lícules de ficció i documentals. Resulta tòpic insistir en això, però la repercussió mundial d'un conflicte en una xicoteta potència del Mediterrani occidental té més a veure amb el seu paper simbòlic que amb les seues repercussions reals sobre l'esdevindre socioeconòmic i cultural de la societat espanyola, encara que estes siguen essencials per a entendre'ns com a comunitat humana.

Esta exposició està feta no al marge de la història (cosa ni possible ni desitjable) però sí evitant el discurs centrat en l'esdeveniment que res no aporta al biaix interpretatiu propi d'un museu centrat en la disciplina etnològica. L'antropòleg Manuel Delgado (que no debades ha estudiat fenòmens culturals que van tindre especial rellevància en eixa època) ha parlat de la possibilitat d'una «història culturalment orientada». És a dir, de projectar una mirada antropològica als fenòmens històrics.

La relació entre història i antropologia (encara que no és este el lloc per a fer grans reflexions) ha passat per diverses fases que oscil·len entre la incomprensió mútua, el recel cautelós i (en algunes escoles historiogràfiques) l'intens enamorament. El resultat d'este conflicte (sumat a la divergència d'orientacions que hi ha entre l'antropologia acadèmica i la pràctica museística etnològica) fa que produir una exposició d'una temàtica com la Guerra Civil Espanyola no siga gens fàcil. «Guerra en la ciutat, 1936-1939. Col·lecció Monreal-Cabrelles» vol integrar xicotets elements que permeten una lectura cronològica, *evemencial*, però també cultural d'un fenomen polièdric i complex com l'últim conflicte civil espanyol.

JOAN GREGORI I BERENGUER

Director administratiu de la Xarxa de Museus de la Diputació Provincial de València

Director del Museu Valencià d'Etnologia (Muvaet)

CONSTRUCT

CONSTRUCTOR constituirá una her
juguetes con gran variedad de a
producciones de la realidad, desm

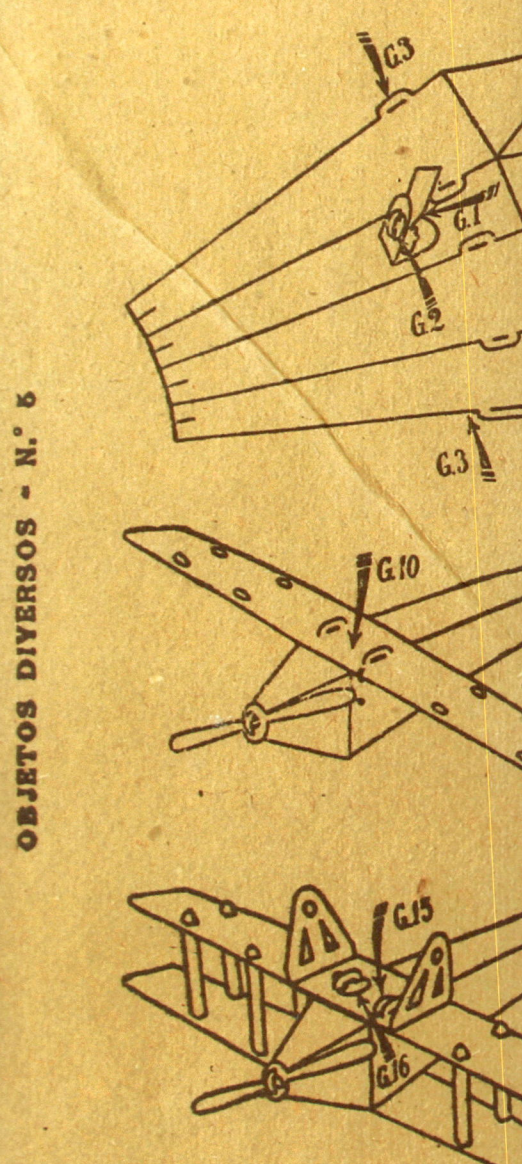

Para el montaje separar con cu
ellas las pequeñas tiritas de sujec
de los dibujos y la numeración de

a colección de pequeños
finamente decorados, re-
s, guardándose en sitio

reducidísimo, de gran finalidad educativa para el ejercicio de la
habilidad, iniciativa y paciencia de los niños y que suprime la
posibilidad de herirse o mancharse. (Nada han de cortar ni pegar.)

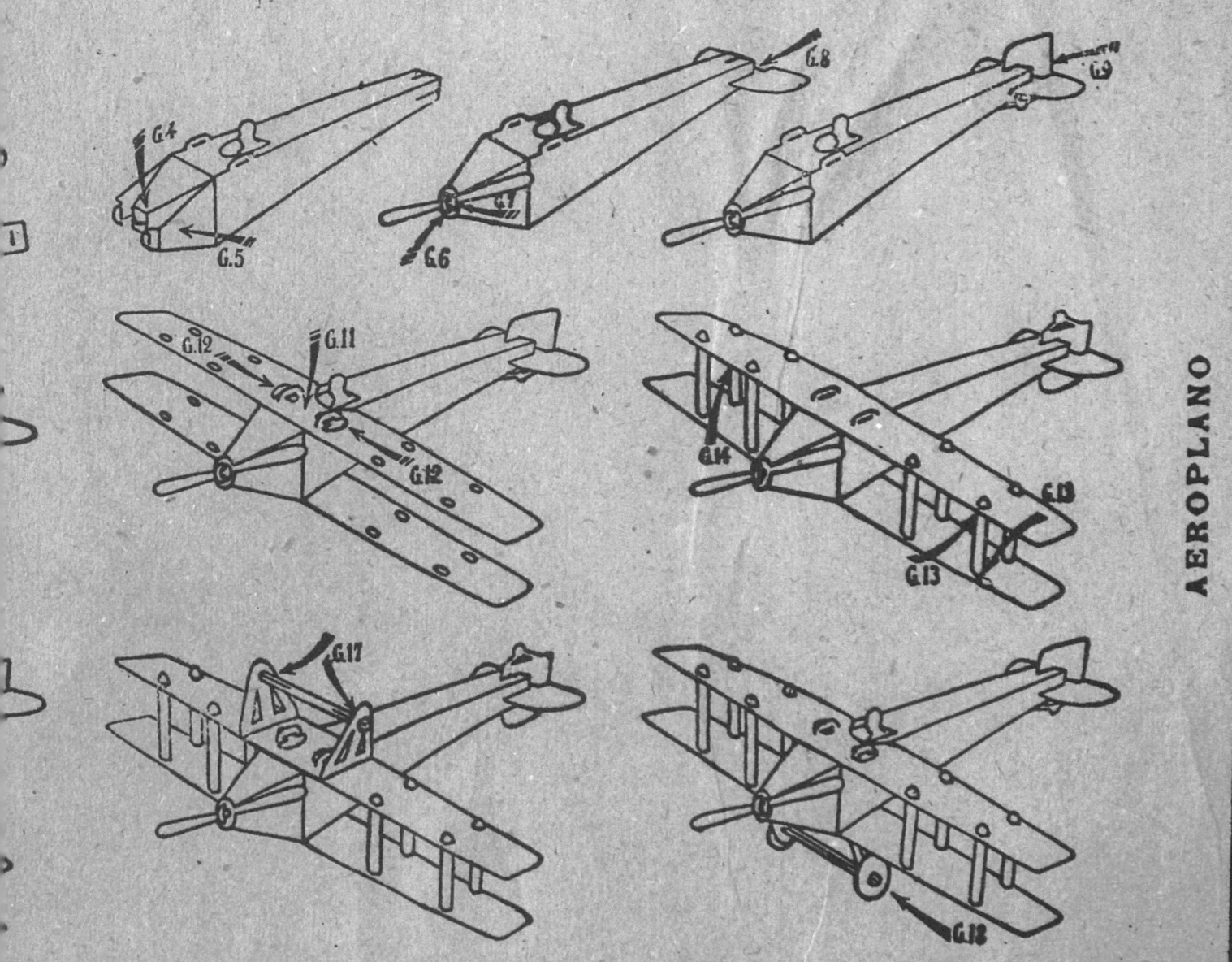

AEROPLANO

s piezas, eliminando de
erar siguiendo el orden
as. Las flechas indican,

aproximadamente, la acción necesaria al montaje. Debe proce-
derse pacientemente para evitar roturas, igual que al desmontarlo.
Cada objeto desmontado puede guardarse en un sobre.

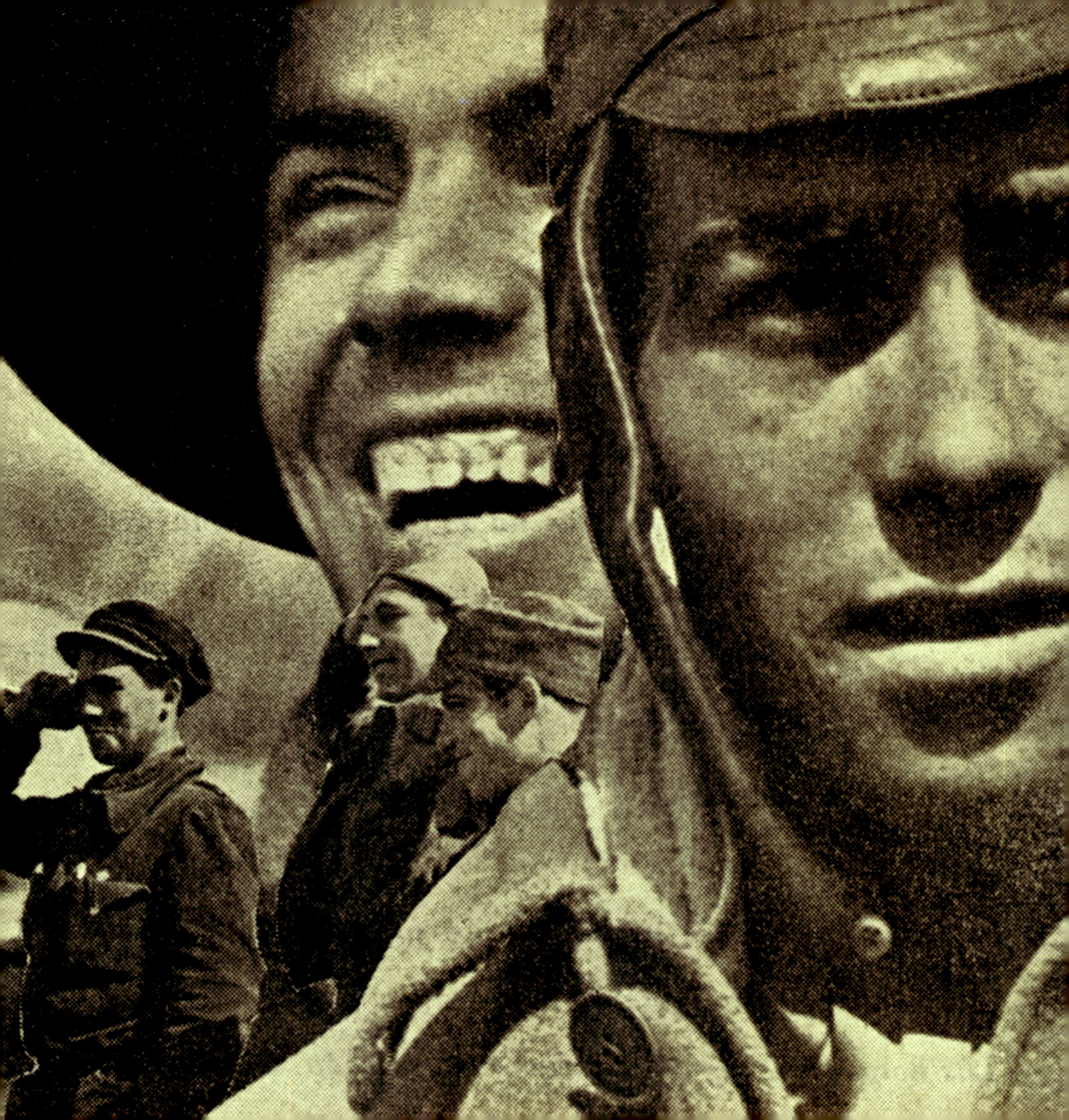

Mirant de biaix la Guerra Civil espanyola

ROBERT MARTÍNEZ CANET - ASUNCIÓN GARCÍA ZANÓN

Comissaris

—*Vosté m'està parlant de política* —em va dir.
—*Sí* —li vaig respondre—. *Perquè estem en guerra. I la guerra és política.*
Ell m'oïa però no m'escoltava.

> CHARLES DE GAULLE: *L'Unité (1942-1944)*, vol. II de *Mémoires de guerre*

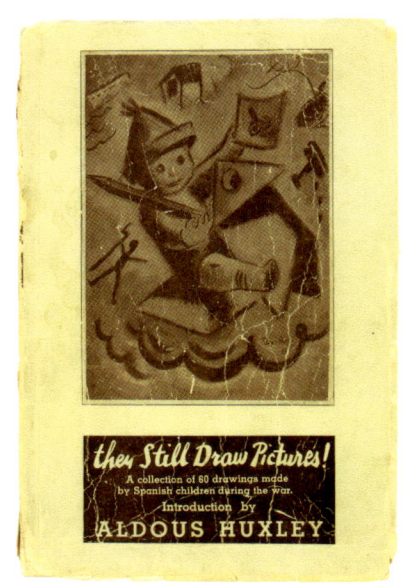

G.A. ¿Entonces, y yo lo creo así, para la promoción de un antropólogo se debe haber ido a la guerra? Se lo digo como metáfora, pero asimismo en toda su real dimensión.
MURRA. No tiene que ser una guerra. Debe saberse cómo deciden los adultos, porque muchas veces las decisiones son ocultas [...] y el que toma las decisiones tampoco llega a darse cuenta en su totalidad de lo que hace. La guerra en ese sentido es algo extremadamente rápido.

> D'un diàleg entre l'antropòleg JOSÉ ANTONIO GONZÁLEZ ALCANTUD i l'antropòleg i brigadista internacional JOHN V. MURRA.

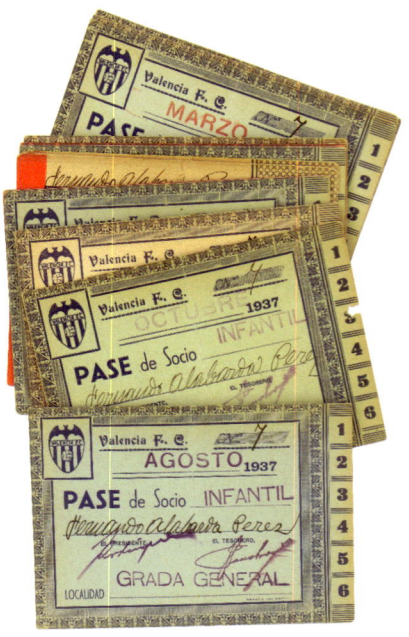

La ciutat i la guerra, o les peculiaritats que el fet urbà imposa en la tècnica bèl·lica, ha sigut un tema de reflexió habitual en el pensament estratègic des de la poliorcètica (tècniques per assetjar ciutats) clàssica o els pensadors xinesos (en el fons, ¿no està organitzada ja una exposició com aquesta en la següent reflexió de Sun Tzu?: «La guerra haurà d'avaluar-se en termes de cinc factors fonamentals: la doctrina, el temps, el territori, el comandament, i la disciplina»), fins a les aportacions dels teòrics de la guerra revolucionària sobre el setge de la ciutat des del camp. Per tant, aquest és qualsevol cosa excepte un tema nou. Fer alguna cosa distinta i amb un cert rigor era, sense dubte, un dels reptes que representava fer una exposició com la que ara abordem. En el fons, es tracta de parlar de dues coses: ciutat —millor dit «fenomen urbà»— i guerra. No estarà de sobra fer algunes consideracions respecte de tots dos conceptes.

Un dels eixos d'interés del Museu Valencià d'Etnologia (Muvaet) són els temes relacionats amb l'antropologia urbana. Cal tindre en compte què vol dir *urbà* al nostre territori, dens com és en ciutats mitjanes que el vertebren. Si cal que emprem les eines conceptuals de l'antropologia aplicades a l'estudi d'aquesta geografia més o menys fantasmàtica, caldria que recorreguérem als estudis que sobre això ha fet Marc Augé. Enfront de la noció de no-lloc com a espai que representa el paradigma de la *sobremodernitat*, Augé reserva el terme *lloc antropològic* per a designar una construcció de l'espai, alhora concreta i simbòlica, que és principi de sentit per a aquells que l'habiten i principi d'intel·ligibilitat per al qui observa. Aquests llocs tenen tres trets comuns: són identificadors, relacionals i històrics. Són espais on es poden llegir les identitats col·lectives i individuals, les relacions entre la gent i la seua història. Són al mateix temps, però, espais on la gent empra el mateix tipus de codi i, en sentit geogràfic, són espais que es defineixen per llur frontera exterior i llurs fronteres interiors.

La ciutat és, doncs, un espai antropològic que s'explica per mitjà dels conceptes d'itinerari (eixos o camins traçats per les persones i que duen d'un lloc a un altre), intersecció (llocs on la gent s'entrecreua), centre i monument (espais de tipus religiós o polític que defineixen un espai més enllà del qual altra gent es defineix respecte a d'altres centres i espais).

Pel que fa a la guerra, i centrant-nos ja en el context històric que ens afecta, s'ha insistit en el caràcter pioner de la Guerra Civil espanyola respecte al que seria la II Guerra Mundial. Almenys en l'aspecte tècnic sí que hi trobem elements que poden donar joc intel·lectualment. L'aparició de tecnologia militar nova, com ara el bombardeig massiu d'objectius civils (i la subsegüent luxúria que desperta entre les masses, com recorda Susan Sontag) ens posa davant d'un fet característic de la guerra moderna: la difuminació dels límits entre l'esfera militar i la civil; la guerra com a fet social total —en el sentit amb què Marcel Mauss parlava del regal—. Ens trobem davant del final d'una concepció de la guerra secular (aquella antiga festa cruel, que diria Franco Cardini) per entrar en la «tempesta d'acer» (Jünger), en la guerra total que impregna l'economia, l'educació, etc.

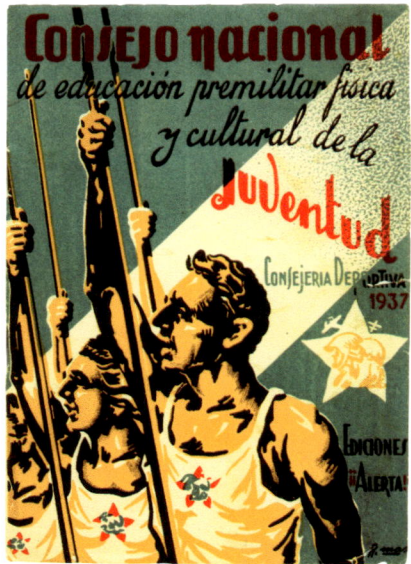

Aquesta exposició està formada per cinc blocs que pretenen reflectir un aspecte que es veu present en la Guerra Civil espanyola, però que no n'és privatiu, sinó que té un abast més genèric. La mostra s'inicia amb un àmbit que vol mostrar la guerra sota la mirada estratègica. En un entorn bèl·lic és obvi que un pensament com l'estratègic, que opera en termes de posicions i de relació de posicions, té una evident superioritat analítica. No debades molts teòrics estructuralistes (o no), cas de Foucault, dedicaren planes a l'estudi dels clàssics militars. Més evident és açò encara en autors d'una generació posterior (André Glucksmann, Paul Virilio, ací és central el concepte de «dromocràcia»). Caldria plantejar-se quina és la mirada que del territori té l'estrateg i que es mostra perfectament amb la fotografia aèria dels bombardeigs. Igual que el mapa militar es diferencia del civil perquè presenta una quadrícula que permet guiar els projectils, l'estrateg superposa al territori real una geografia imaginada però potser més real en termes operatius: la geografia de les posicions, que també influeix la nova manera de fer la guerra des de l'aire. Els lectors de Borges recordaran el famós conte del cartògraf que fa un mapa escala 1:1, potser caldria que ens preguntàrem fins a quin punt encaixen el territori real i el creat per la «poètica

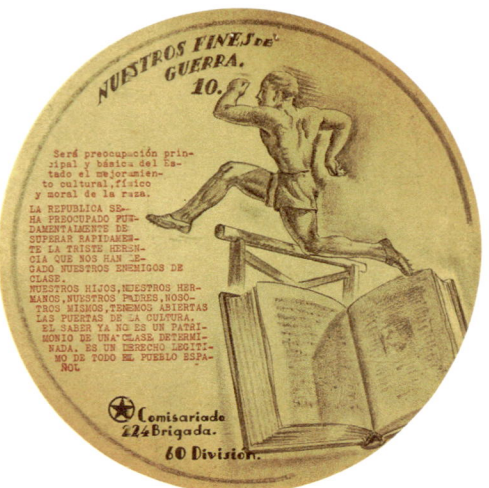
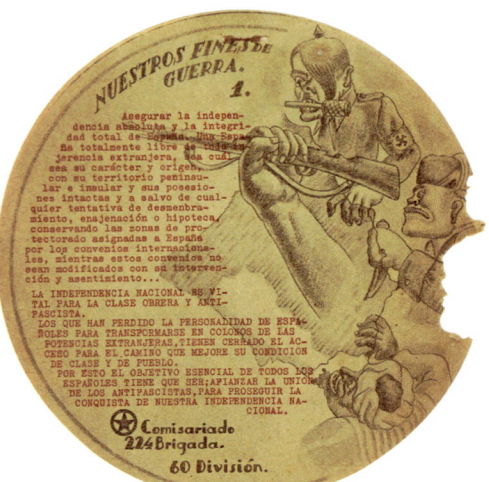

militar»; en el fons, ¿en quin es vivia?, o ¿quan en un i quan en l'altre? ¿Per què aquesta insistència en l'aspecte estratègic, quan, en el cas valencià, es compleix a la perfecció el clàssic aforisme de Sun Tzu?: «La victòria completa es produeix quan l'exèrcit no lluita, la ciutat no és assetjada, la destrucció no és prolonga durant molt de temps i, en cada cas, l'enemic es vençut per la utilització de l'estratègia», cosa que, en el fons, implica preguntar-se per quina era la guerra que vivien els valencians.

En un segon espai es presenten els mecanismes que convergeixen en la fabricació d'un soldat. Malgrat que aquesta no és una exposició amb vocació polemològica, no és menys cert que aquest és un aspecte que no podem deixar de banda. El general republicà Juan Perea Capulino escriu en les seues memòries que la veritat en una guerra sols es pot trobar a les trinxeres. Ara bé, el fet cert és que en la guerra moderna tot és trinxera; per tant, mecanismes com la interiorització d'unes destreses manuals i intel·lectuals al servici de l'esforç

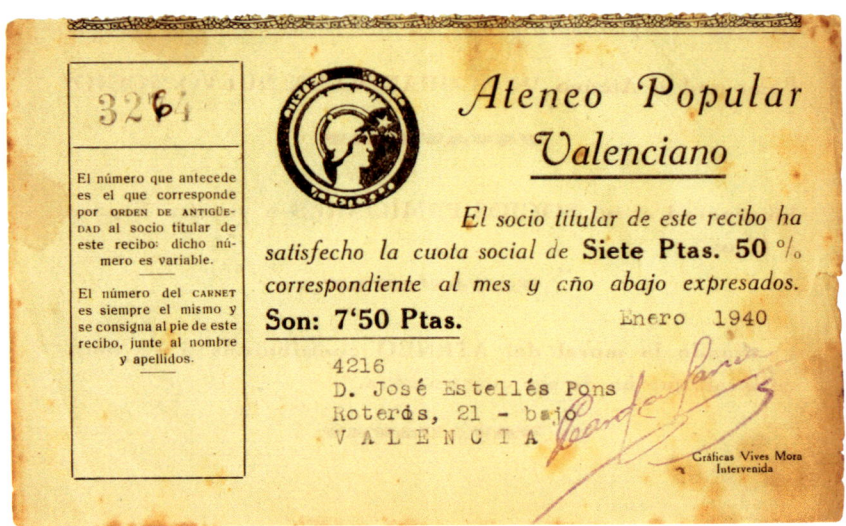

bèl·lic —un autèntic exercici de biopolítica en el sentit foucaultià— assoliran unes cotes mai no vistes.

El tercer espai està dedicat a la presentació que l'impacte de la situació bèl·lica té en els elements de la vida quotidiana, entesa com a les condicions que permeten la reproducció de l'individu concret i que, al seu torn, permeten la reproducció del sistema. Elements com la por, la desconfiança, l'aparició de l'imaginari d'un enemic interior, apareixen juntament amb la fam o la distribució de béns de primera necessitat.

El quart espai vol reflexionar sobre el paper de la imatge en la creació d'un imaginari polític, a través d'una selecció de figures emblemàtiques del conflicte civil: els mites geogràfics (en especial la contraposició Madrid/València), els mites històrics (la fabricació d'una genealogia històrica justificativa present en aquells elements aparentment inofensius que nodreixen el que Michael Billig ha anomenat «nacionalisme banal»), els mites humans (el milicià, la nova/vella imatge de la dona, etcètera).

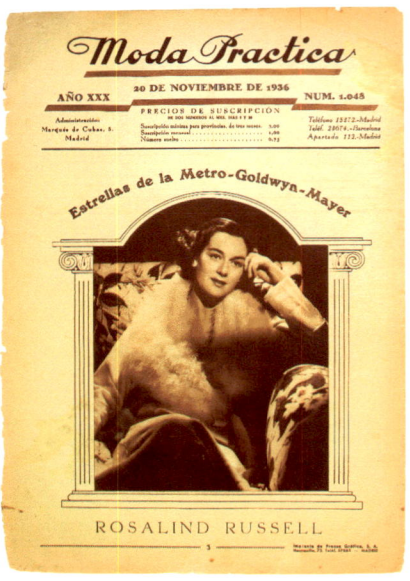

L'exposició es tanca amb una reflexió sobre el paper que tenen els mitjans de comunicació en la narració d'un conflicte civil, establint continuïtats entre el conflicte civil de 1936-1939 i conflictes recents com ara les guerres de Iugoslàvia, reflectint com ha canviat la forma de narrar la guerra, amb el que significa el pas del corresponsal tradicional als canals de notícies 24 hores. No debades, en una entrevista (*El País*, 23-6-2007) el ja citat Marc Augé comenta: «La imagen puede ser el nuevo opio del pueblo. Vivimos en un mundo de reconocimiento, no de conocimiento. Se vive realmente a través de la pantalla.»

Altrament, trobem la publicació que acompanya la mostra. El present catàleg s'estructura en tres blocs; en el primer s'arrepleguen tres articles que tracten pròpiament del darrer conflicte civil espanyol, des de perspectives no massa habituals, com ho fan els textos de Manuel Delgado, antropòleg i professor de la Universitat de Barcelona, al voltant dels conceptes «guerra civil», «conflicte intestí» o «enemic interior»; el de Nicolás Sánchez Durá, filòsof i professor de la Universitat de València, on l'autor continua la seua reflexió sobre el canvi de paradigma polemològic (el «model ambiental», per dir-ho en termes de Peter Sloterdijk) que representa l'aparició de noves tecnologies de combat a l'inici del segle XX, presentant-nos les arrels europees i colonials de l'imaginari de la guerra moderna a Espanya; i, finalment, hi ha el treball de l'historiador Romà Seguí on, des d'una acurada contextualització del paper de la correspondència en l'esforç militar republicà, arriba, emprant també materials de la col·lecció Monreal-Cabrelles, a l'estudi de relacions epistolars concretes que, amb noms i cognoms, ens apropen al vessant més íntim i ocult dels protagonistes del fet històric.

El segon bloc que conforma el catàleg està format per un article que tracta de la relació entre mitjans de comunicació i conflicte bèl·lic. L'autor és Gervasio Sánchez, fotoperiodista àmpliament conegut i habitual col·laborador dels rotatius *El Heraldo de Aragón* i *El País*, que ens ofereix una breu però contundent reflexió sobre la legitimat de mostrar amb imatges el dolor que causa la guerra, que a tots ens durà ecos dels treballs de Susan Sontag.

El catàleg es tanca amb un tercer bloc de contingut museogràfic centrat en la mateixa col·lecció Monreal-Cabrelles. Conformat per dos articles, pretén mostrar al públic les dificultats teòriques i pràctiques que representa fer una exposició basada en material documental, tema poc treballat i al qual dedica un text Santiago Grau Gadea, cap de la Unitat de Difusió Didàctica i Exposicions del Museu Valencià d'Etnologia (Muvaet). Per concloure, *last but not least*, presentem una entrevista amb el col·leccionista Esteban Monreal, propietari de les prop de tres mil peces que formen un conjunt fins ara no massa conegut i que, depositat al Museu Valencià d'Etnologia (Muvaet), esperem i desitgem que, en el futur immediat, la seua consulta passe a ser habitual en el món dels estudiosos de la Guerra Civil espanyola. En aquesta xerrada Esteban Monreal (Múrcia, 1961) ens explica l'origen de la seua col·lecció i posa en relleu la singular i benèfica enrònia que comporta el col·leccionisme

En resum, aquesta és una exposició *de* la Guerra Civil espanyola i no tant *sobre* la Guerra Civil espanyola de 1936-1939. És una mostra que vol reflexionar sobre un fenomen universal com pocs altres: la guerra. A més, vol fer-ho des d'una mirada oberta i transversal, és per això que aquest catàleg ens parla des de l'antropologia, la filosofia, la història, el periodisme i la museologia. Un fenomen complex, global i polièdric requereix respostes complexes, globals i polièdriques. En això estem.

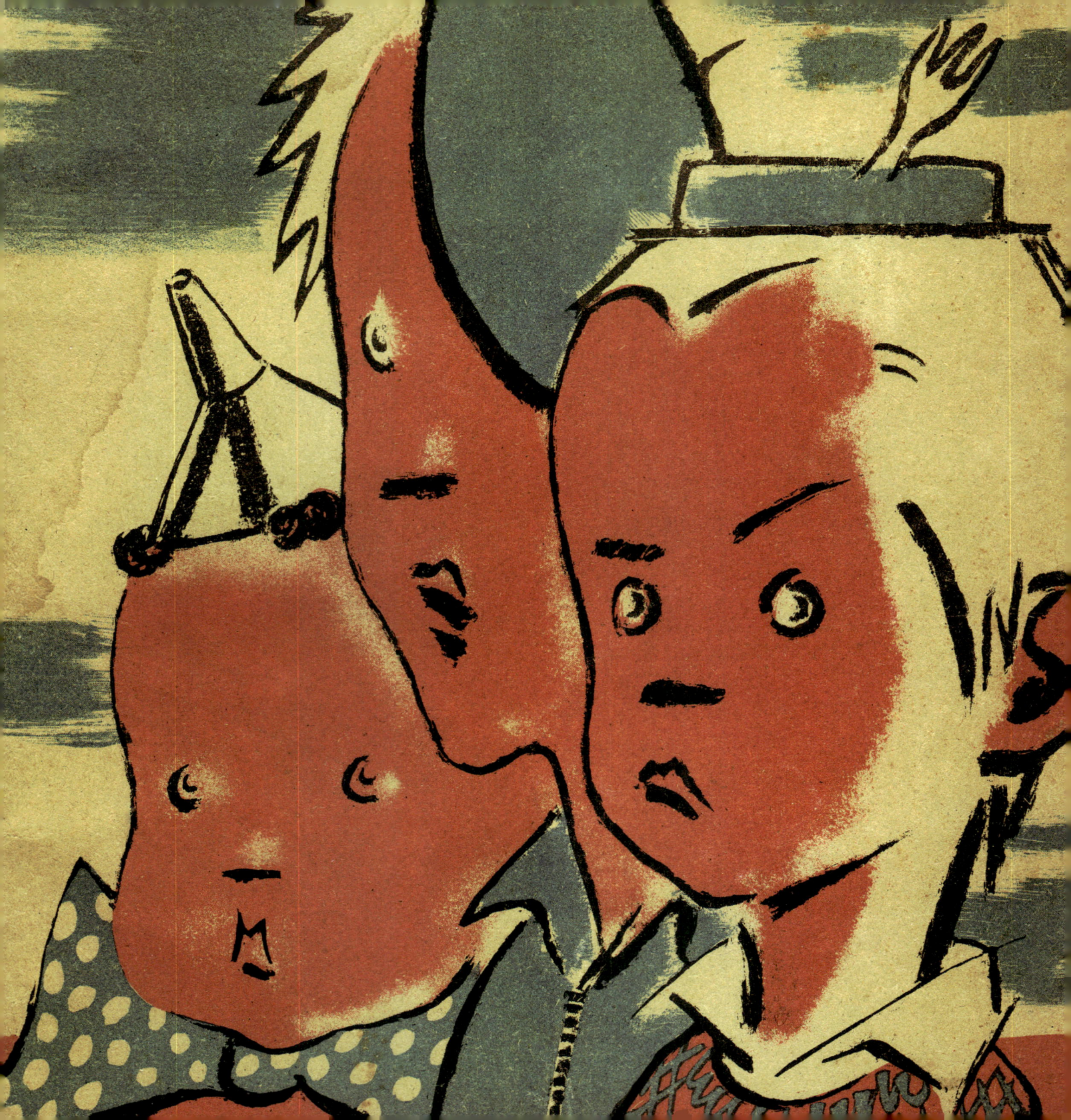

¿Què és una guerra civil?
Lògica i gènesi de les lluites fratricides

MANUEL DELGADO

Universitat de Barcelona

LES FORMES ELEMENTALS DE LA GUERRA CIVIL

La guerra d'Espanya de 1936-1939 no va ser davall la dictadura del general Franco un tema còmode. No és encara que no resultara concebible poder exposar els arguments del ban republicà, sinó que ni tan sols es tolerava un punt de vista conciliador que procurara reflexionar sense passió sobre els fets. L'única versió admesa a Espanya fins després de 1975 va ser la dels vencedors. Sens dubte per això, una de les escasses incursions que es van atrevir a oferir una visió no apologètica del tema va ser *La caza*, una pel·lícula de Carlos Saura que, no en va, no transcorre durant la guerra civil, sinó un quart de segle després d'acabada i en un dels grans vedats de caça del conill que, per a perjuí dels llauradors, encara existeixen en el centre i sud peninsulars. Alguna al·lusió, com de passada, assenyala aquells paratges com a escenari de terribles batalles durant la contesa, alhora que tres dels seus quatre protagonistes, un grup d'amics — Luis, Paco, José i Enrique— que es retroben després de diversos anys sense veure's, expliciten en cert moment la seua condició d'antics combatents, encara que

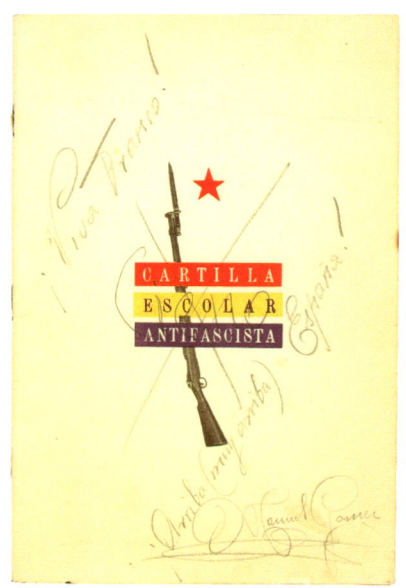

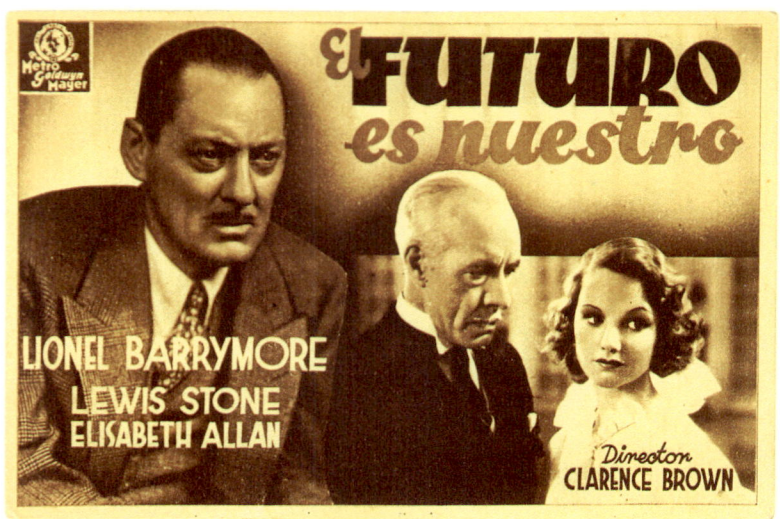

sense especificar en quin dels dos exèrcits enfrontats. Això, i l'esquelet d'un soldat no identificat que descobreixen en una cova, és tot el que en el film fa referència directa a la guerra del 36. L'estratagema d'usar una paràbola per a pensar i fer pensar sobre l'última guerra civil espanyola en clau no oficial no va aconseguir burlar la censura franquista, que va acabar forçant diverses modificacions en aspectes del guió en què el règim es donava per al·ludit.

La història que explica el film —guanyador de l'Ós de Plata del Festival de Berlín de 1965— és simple. Els caçadors que participen en la partida fan veure que mantenen unes relacions cordials, però el transcurs dels esdeveniments, en un clima asfixiant, acaba desfermant una violència continguda. Interessos econòmics enfrontats, temperaments personals oposats, favors no tornats, afronts no satisfets, fan que al llarg de la jornada, pensada inicialment com a marc de cohesió i d'acords entre els individus, l'ambient vaja deteriorant-se. Al final, els membres del grup recorren a la violència i usen les armes de caça per a fins il·legals, transgredint l'autorització que han rebut quant al seu ús per a matar estranys —els conills— i emprant-les per a matar-se entre si. La conclusió a què, en un moment donat, arriben els subjectes és que els greuges acumulats no pot conformar-se ni amb les reparacions pròpies de la cortesia —«ho sent; estem tots molt nerviosos»—, ni amb la distracció de l'ús esportiu de la violència contra tercers, ni tampoc amb una dissolució pacífica dels pactes relacionals que haguera deixat pendent de restitució les ofenses rebudes. Es percep, en cert punt de l'acció dramàtica, que l'única solució possible dels conflictes és infringir-li un perjuí físic irreversible al rival en el si de l'associació primària que constitueixen la partida de caçadors. Es transita així de formes verbals, simbòliques o desplaçades de violència a altres que impliquen el dany físic contra els cossos dels contraris, com a única fórmula per a restaurar una situació que es percep com avariada.

Del que aquesta pel·lícula ens adverteix és de la possibilitat de tractar un tema important, com puga ser l'enfrontament armat generalitzat en el si d'una mateixa societat, a partir del model a escala que brinda un nucli reduït de subjectes que s'interrelacionen de manera conflictiva, fins que les fórmules d'amortiment de les friccions que feien viable un precari consens s'abandonen. Els dispositius d'inhibició que mantenien a ratlla els efectes dissolvents, i al mateix temps reestructuradors, de la violència física es demostren insuficients i queden desbordats per la necessitat d'un reajustament general de les correlacions de forces en el si del microsistema. Es tracta, en definitiva, del mateix tipus de tragèdia social «de butxaca» que escenifica William Golding en la seua famosa novel·la *El senyor de les mosques*,[1] que també funciona com una maqueta dramàtica en què en un grup local i exempt —els xiquets a qui un accident aeri abandona en una illa— es reprodueixen certs mecanismes desencadenadors de violència intracomunitària i els processos de divisió o redefinició a ells associats. En ambdós casos, tant en la pel·lícula de Saura com en el text de Golding, el grup humà complicat en l'acció té com a activitat principal la caça, recreativa en un cas, de supervivència en l'altre. En tant que caçadors, es dediquen a un mateix tipus d'activitat basada a donar mort a sers d'una espècie diferent de la seua, conills, en el cas dels amics

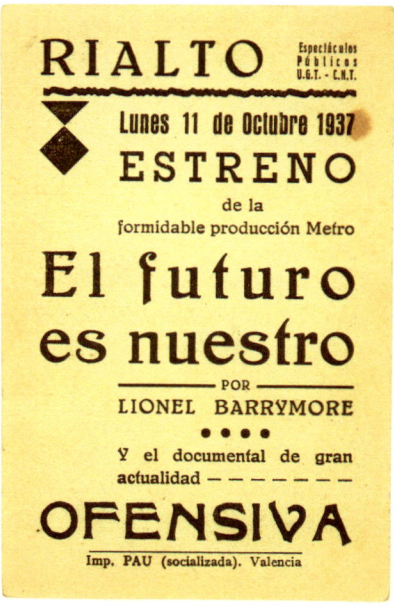

1. William Golding, *El senyor de les mosques*, Edicions 62, Barcelona, 1983 [1954]. El valor al·legòric de la novel·la de Golding l'he pres a partir d'un article de Miguel Morey: «La metàfora de l'illa», en Col·legi de Filosofia, *Frontera i perill*, Edicions 62, Barcelona, 1986, pp. 31-51. Inevitable al·ludir a aqueix desenvolupament de l'argument central d'*El senyor de les mosques* que és la popular sèrie televisiva *Lost (Perduts)*, que començà a emetre's en la cadena nord-americana ABC el 2004.

que es retroben, porcs salvatges, en el dels xiquets nàufrags. Els caçadors —metàfora fàcilment recognoscible del guerrer— acabaran caçant-se entre si, subratllant-se d'aquesta manera la distinció radical entre una forma de violència destructiva contra altres que reforça els vincles dins del grup, i una altra forma de violència que s'exerceix contra *ells mateixos*, i que no suspén ni anul·la la cohesió, sinó que més prompte la intensifica fins al deliri.

Tant *La caza* com *El senyor de les mosques* narren una dinàmica de creixent recurs a la força física en l'interior d'autèntiques societats primitives, en el sentit durkheimnià del terme, és a dir en el d'elementals. Per això, la generalització de la violència armada en aqueixos marcs restringits es constitueix en una mena de guerres civils primàries, l'estudi de les quals permetria inferir, simplificats, esquemes anàlegs a aquells altres que generen i organitzen les grans guerres civils que la historiografia o la politologia han considerat com de la seua jurisdicció. Aquestes formes més simples de violència intragrupal són les que convocarien el que sobre elles ha aportat tant l'antropologia de societats exòtiques com la sociologia de la vida quotidiana en la nostra pròpia societat. I això sense alterar el valor de la definició clàssica de Carl Schmitt: «Guerra es una lucha armada entre unidades políticas organizadas, y guerra civil es una lucha armada en el seno de una unidad organizada».[2] Ara bé, quan Schmitt parla d'«unitat organitzada» està pensant en instàncies que comparteixen un mateix Estat o almenys una mateixa ordenació jurídica i això és el que li permet distingir entre guerres internacionals i guerres civils.[3] Si l'accepció que adoptàrem sobre «allò polític» no fóra aqueixa, que l'associa a la legalitat formal que estructura un territori, sinó aquella altra que l'identifica a la manera com cada societat administra la dimensió antagònica i les relacions d'hostilitat i de competència pel poder, llavors res ens impediria que les violències a què s'abandonen els protagonistes tant de la pel·lícula de Saura com de l'obra de Golding estarien protagonitzant verdaderes formes primitives de guerra civil.

El raonament que ací es proposa no pretén contestar la presumpció teòrica segons la qual les guerres civils, tal com ara es parla d'elles, consistirien en una

2. Carl Schmitt, *El concepto de lo político*, Alianza, Madrid, 1987 [1932], p. 62. Sobre Schmitt i la seua teoria de la guerra civil, vegeu Manuel Jiménez, «Libertad y guerra. Guerra marítima, guerra entre Estados, guerra civil y partisano en la obra de Carl Schmitt», en Nicolás Sánchez Durá, *La guerra*, Pre-textos, València, 2006, pp. 77-116.

3. És per això que els límits que ens permeten compartimentar un espai propi per a les guerres civils tendeix a difuminar-se, si és que no pot considerar-se ja superat per la superació mateixa del concepte fins ara vigent de sobirania que li donava sentit. De fet, és aqueixa intuïció la que ha permés a alguns autors —Ernest Nolte, Dan Diner, Claudio Pavone...— presentar guerres formalment interestatals com a civils, en la mesura en què la internacionalització del concepte de justícia a nivell europeu i cada vegada més a nivell planetari ha permés conceptualitzar en tant que tals les dues guerres mundials que va conéixer el segle xx.

generalització de l'agressió armada que desborda la divisió weberiana entre violència legal i violència il·legal i que té com a objecte la conquista d'un control estatal sobre l'agressió que ha quedat vacant. És evident que, almenys en les seues fases inicials, les guerres interiors en les societats estatalitzades impliquen que persones ordinàries empren la violència física en un marc en què l'administració que d'ella exerceix en monopoli l'Estat és objecte d'un ampli desacatament. Aqueixa desautorització generalitzada de la prerrogativa sobre la força implica, per descomptat, un malguany del que des de Hobbes s'entén com la raó última de l'Estat, és a dir precisament l'evitament de la guerra entre conciutadans. La naturalesa de la guerra civil coincideix així amb la que Pierre Clastres, en la seua arqueologia de la violència, atribuïa a la situació de guerra permanent com un instrument per mitjà del qual els pobles amazònics podien romandre fora de perill de l'hegemonia del poder polític coercitiu sobre la societat.[4] D'altra banda, la guerra civil i l'Estat, com a pròtesi política de la societat, comparteixen un mateix valor operatiu: el de constituir-se ambdós en últim recurs del qual una comunitat es val per a unificar l'antagònic en el seu si. La presència d'una de les dues instàncies exclou, per tant, l'altra.

Més enllà d'aqueixa constatació, el que tenim és que les modificacions de la realitat que l'ús de la violència lesiva en les guerres civils contemporànies aspira a provocar supera amb molt els límits estrictes de la competència del poder polític en matèria de repressió, ja que interessa parcel·les extrapolítiques de l'organització social. El marc d'estudi de les guerres civils es desplaça llavors de l'Estat a la societat, en el sentit canònic que el terme ha rebut en antropologia social per a referir-se al conjunt d'individus o grups que es relacionen entre si a través de normes, regles i patrons, és a dir per mitjà d'institucions. Aqueixa definició comprendria des de l'individu psicofísic -també ell compost per parts que han d'ajustar-se i trobar la forma d'administrar els seus conflictes interns- al conjunt de la humanitat en un context plenament mundialitzat com l'actual. Més en concret, diríem que l'escenari en què es dóna una guerra civil és, tal com el terme mateix explicita, la societat civil, és a dir aqueix conjunt agregat d'institucions autoorganitzades relativament al

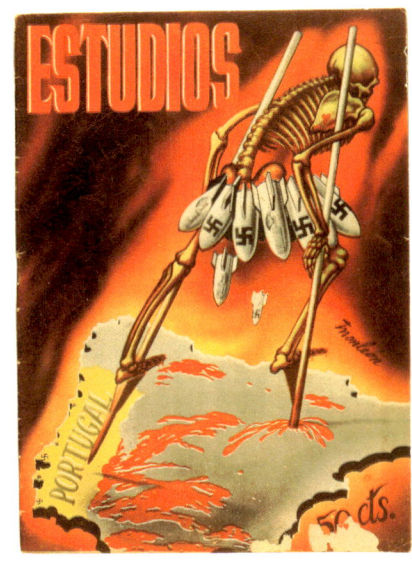

4. Pierre Clastres, «Arqueología de la violencia: la guerra en las sociedades primitivas», en *Investigaciones en antropología política*, Gedisa, Barcelona, 1987, pp. 181-217. Vegeu, com a complement, el text d'Alfred Adler, «La guerre et l'état primitif», en Miguel Abensour, ed., *L'esprit des lois sauvages*, Seuil, París, 1987, pp. 95-114.

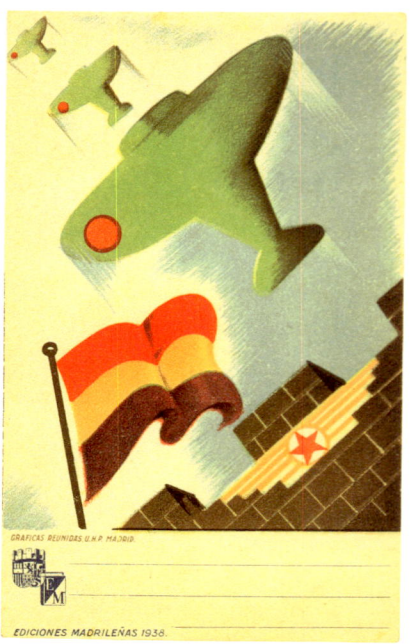

GRAFICAS REUNIDAS, U.H.P. MADRID.

EDICIONES MADRILEÑAS 1938.

marge del control directe de l'administració estatal i que comprén, quasi sempre interseccionant-les, instàncies interdependents com puguen ser el parentiu i la família, les etnicitats, els àmbits de l'economia, la propietat i el treball —i per tant la divisió en classes socials—, l'aparell polític i la religió, i inclús l'individu mateix, que entre nosaltres rep la qualitat d'autèntica institució cultural. Tot això junt amb les respectives ideologies i als sentiments identitaris que aqueixos distints nivells susciten. Aqueix és el territori en què es produeix l'enfrontament civil, un enfrontament en què s'ha prescindit de l'autoritat de l'Estat davant de la seua incompetència a mantindre el mínimum arbitral entre fraccions socials que, per parcial que fóra la seua actuació, podia justificar la seua existència.

El marc teòric base per a abordar la qüestió de les guerres civils des de tal pressupòsit convoca el concurs d'aquelles perspectives que han resolt el problema hobessià de per què els hòmens no viuen permanentment en lluita uns contra altres en termes no d'Estat, sinó de coacció social. Això tindria validesa al marge de la complexitat de la societat considerada i de si les cadenes d'interconnexió entre sectors i individus en ella enfrontats són per plantejar-ho seguint la clàssica tipologia durkheimniana- de caràcter orgànic, basat en una consciència compartida, o mecànic, açò és conseqüència de compromisos funcionals. De fet, les ficcions que preníem al principi com a metàfora de guerra civil és que implicaven escenaris de solidaritat alternatius per a una mateixa problemàtica estructural: si els amics enemistats del film de Saura estan units per llaços professionals i econòmics més que afectius, els cadets de la novel·la de Golding constitueixen un clar cas d'associació fundada en l'homogeneïtat dels seus components.

SOCIETATS EN GUERRA AMB SI MATEIXES

Tot allò que s'ha exposat fins ací condueix a una primera conclusió: la possibilitat d'una teoria general sobre les guerres civils del nostre temps passa per no prescindir de dos grans línies teòriques clàssiques en ciències socials que la història política de les guerres civils no ha convocat a penes, quan la seua contribució hauria d'haver resultat estratègica: la mampresa per l'escola de l'Année

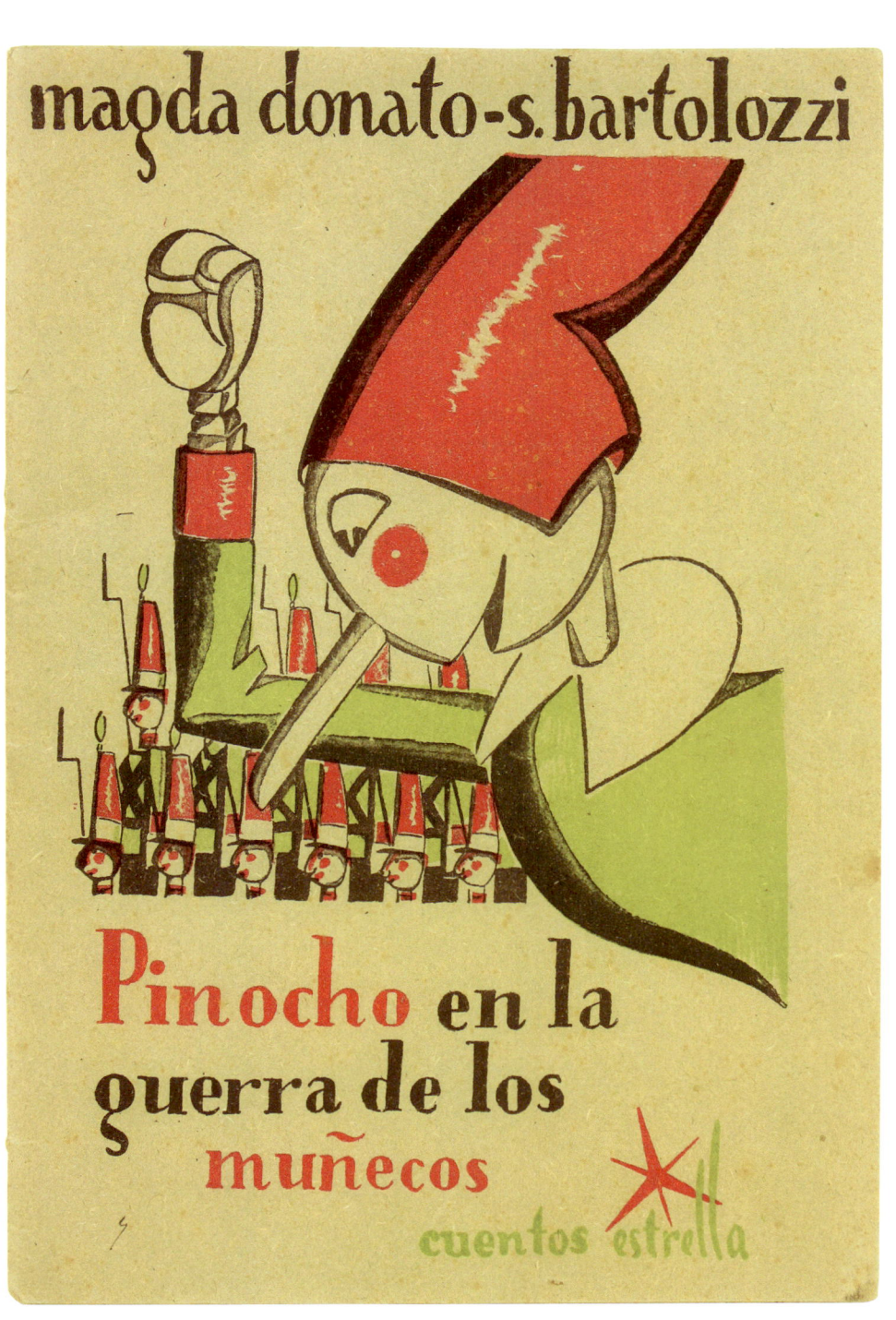

magda donato - s. bartolozzi

Pinocho en la
guerra de los
muñecos

cuentos estrella

Sociologique de la mà d'Émile Durkheim i Marcel Mauss, i l'enfocament conflictualista que inicia Georg Simmel. De Durkheim i Mauss parteix una línia mestra que vertebra tota l'antropologia social europea, una disciplina que ha estudiat abundants casos exòtics de conflictes armats en el si d'una mateixa societat. A Georg Simmel se li deu una sociologia de les socialitats que inaugura el coneixement de les expressions minimals de vincle social —la conversació, el llenguatge corporal, la comunicació no verbal, les posades en escena de la quotidianeitat—, que poden arribar a incorporar l'agressió en les seues concrecions. La premissa fonamental d'ambdues aportacions és que la guerra interna és una més de les estratègies que empra la cohesió social per a véncer les tendències centrípetes i dissolvents que de continu experimenta. Aquesta idea prèvia considera que les fraccions que sotmeten a contínua negociació els termes de la seua copresència en el marc d'una mateixa societat o, en el pla mínim, els individus que discuteixen un assumpte en privat, estan units per les seues diferències. Aquestes unitats constitutives d'allò social, ben sovint hostils i inassimilables entre si no deixen en cap moment de generar tensions que podrien provocar la ruptura irreversible dels seus llaços. El conflicte violent entre porcions del *socius* es produeix precisament perquè tal eventualitat extrema no puga donar-se. Una lectura aquesta que coincidiria al seu torn amb la marxista, pel que fa a la idea de guerra interior com a vehicle de resolució de contradiccions en el si de la societat, en aquest cas de superació definitiva de la lluita de classes.

En les seues reflexions sobre la guerra civil espanyola, contingudes en la col·lecció d'articles *Un sens à la vie*, Saint-Exupéry escrivia: «Una guerra civil no és una guerra, sinó una malaltia».[5] El novel·lista i aviador francés no errava a l'establir la concomitància entre la patologia que pot experimentar una societat pensada en els vells termes organicistes i la violència desfermada en el seu si. S'equivocava, però, a l'hora de dilucidar la naturalesa de la relació: la guerra no seria un símptoma del mal, sinó el seu tractament, a la manera com, per apuntar-ho en les paraules de Simmel sobre la naturalesa fisiològica del combat, «les manifestacions més enèrgiques de la malaltia representen amb assiduïtat els esforços de l'organisme

5. Antoine de Saint-Exupéry, *Un sentit a la vida*, La Llar del Llibre, Barcelona, 1986, p. 76. D'un article publicat originalment el 1937 en relació justament amb la guerra civil espanyola.

per a alliberar-se de les pertorbacions i d'estats perjudicials».[6] Aqueix sentit tera-pèutic de la lluita d'una fracció que es considera saludable del grup contra el que entén com a formes mòrbides i perjudicials amb les quals coexisteix i de les quals aspira a desembarassar-se, és el que, per exemple, cal atribuir a l'afirmació que Marx fa en *La guerra civil a França* que «la Comuna era la representació verdade-ra de tots els elements sans de la societat francesa».[7]

En les societats modernes estatalment integrades s'entén que una guerra civil és conseqüència del fet que algun o alguns dels segments socials que conviuen davall una mateixa idea de justícia, arriben a la conclusió que hi ha almenys un d'ells que en cap forma pot continuar pertanyent a la seua mateixa unitat, almenys en les condicions existents. En efecte, com véiem abans, és en el si d'una mateixa trama institucionalitzada de relacions individuals i col·lectives on s'ha produït l'enfrontament, alhora que són identitats o interessos dins d'un mateix conjunt social —en les nostres societats, la políticament determinada— el que ha trobat en l'agressió mútua generalitzada que constitueixen en la seua expressió extrema les guerres civils l'única forma de dirimir els seus contencio-sos. En aqueix sentit, les bel·ligeràncies armades entre sectors ideològics, reli-giosos, etnolingüístics o de classe en el si de les societats complexes actuals, per molt que siguen llaços funcionals i no orgànics el que els mantinguen dependents uns d'altres, es corresponen prou amb aquelles que, davall el capítol de *guerres segmentàries*, els etnòlegs porten temps estudiant en les societats que l'antropo-logia política denomina tribals. Es tracta dels conflictes armats que Jean Bazin i Enmanuel Terray designaven com *stasis* o interns, en els quals s'enfronten distin-tes solidaritats —llinatges, associacions voluntàries, grups d'edat— dotades d'una organització política comuna, en aquest cas la tribu, conflictes que es dis-tingirien dels *polemos*, o guerres contra altres.[8]

Aqueixa divisió està inspirada en la manera com Evans-Pritchard anotava les institucions de resolució de conflictes en una societat típicament segmentària en el capítol IV de *Los nuer*,[9] un dels llibres més influents en el desenvolupament de les teories antropològiques. Els nuer, poble pastor de l'actual Sudan, estaven polí-

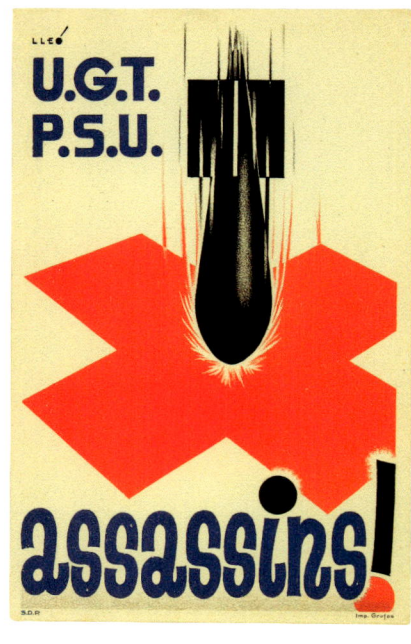

6. Georg Simmel, «La lluita», en *Sociologia I*, Edicions 62/La Caixa, Barcelona, 1988 [1908], p. 41.

7. Karl Marx, *La guerra civil a França al 1871*, Edicions 62, Barcelona, 1970 [1871], p. 87.

8. Jean Bazin i Emmanuel Terray, «Avant-pro-pos», en J. Bazin i E. Terray, eds., *Guerres de linages et guerres de linages et guerres d'é-tats en Afrique*, Éditions des Archives Contemporaines, París, 1982, pp. 9-32.

9. E. E. Evans-Pritchard, *Los nuer*, Anagrama, Barcelona, 1992 [1940], pp. 157-211.

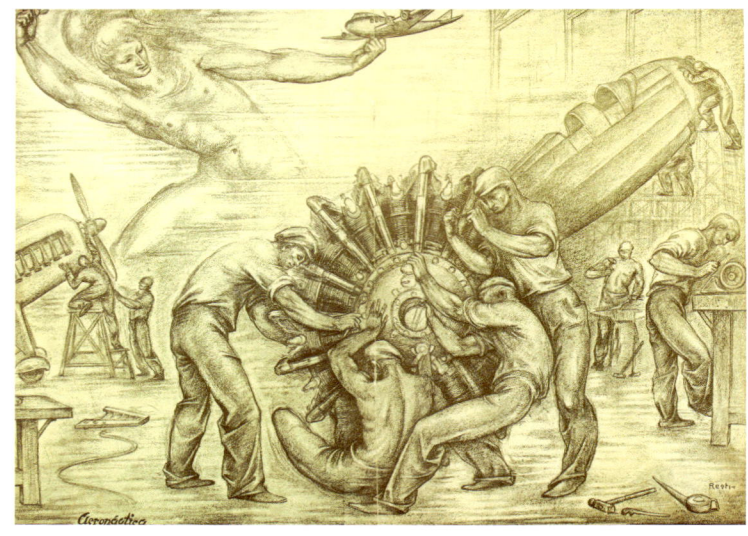

ticament organitzats en tribus dividides en segments, cada un d'aquests en sec-
cions primàries, després novament segmentades en altres seccions secundàries
i, per fi, entre segments en les societats tribals serien equivalents a una altra
vegada segmentades en noves seccions terciàries. Les guerres interiors —equi-
valents a les nostres guerres civils— serien guerres entre sectors socialment
integrats i unificats davall unes mateixes institucions polítiques, mentre que les
incursions armades contra altres pobles —en el cas dels nuer, contra els dinka—
serien comparables amb les nostres guerres entre Estats. En principi, els conflic-
tes interns preveuen l'ús controlat de la violència en la seua resolució. Es tracta
del que Evans-Pritchard anomena *feud* —en el sentit de *vendetta*— en els quals
no es produeix mort física de ningú, ja que en la seua execució només s'usen
porres. Serveix perquè la tendència que les comunitats-segment experimenten al
mateix temps cap a la fissió i cap a la fusió es mantinga en el nivell d'equilibri
complementari que fa possible la unitat, al mantindre separades i relativament

enfrontades les seccions, sense que això arribe a implicar en cap cas l'escissió. Obté a més que els constants greuges i ofenses troben fórmules d'arbitratge que no defrauden la tendència dels segments a combinar-se amb altres segments. Una versió en clau exòtica, com es veu, d'aqueix principi que la teoria simmeliana sobre el combat establia sobre l'equilibri entre les forces sintètiques i antitètiques, convergents i divergents, que emeten les constants tensions d'acomodament que coneix tota societat. En el cas nuer, en el cas que hi haguera algun homicidi, aqueix moviment de contracció i expansió s'interrompia al desencadenar-se llavors el que Evans-Pritchard anomena *flood feud* o venjança de sang, és a dir un enfrontament mortal —amb llances— entre comunitats segmentades, conflicte que en el moment mateix d'esclatar cancel·lava la naturalesa políticament unificada dels segments en lluita, ja que, per als nuer, la guerra només pot dur-se a terme entre tribus diferenciades.

En aqueixa senda oberta per Evans-Pritchard l'antropologia africanista anirà oferint nous testimonis d'aqueixa mateixa lògica. A més dels casos reunits per Bazin i Terray en la seua compilació —akan, shongay, segu, lobi...—, vegeu, per exemple —i per mencionar un text accessible en llengua espanyola— el clàssic de John Middleton sobre els lugbara d'Uganda,[10] on es constaten mecanismes d'administració ritual de l'hostilitat semblants. I el mateix valdria per a altres casos estudiats en els quals reconéixer aqueixa mateixa lògica de la revenja a Europa, com el que trobaríem en el Mani, en la Lacònia grega, davall la forma de l'*ekdhikissi*, forma local de venjança de sang que durant dècades va oposar —i va mantindre per tant units— diferents patrillinatges dotats d'una forta cohesió interna, la qual cosa ha comportat que els maniotes en general meresquen una reputació que a Grècia els equipara a corsos o sicilians. En aquest cas, l'extrema hostilitat que mantenen entre si grups copresents en un mateix territori es planteja com la cara fosca, per així dir-ho, d'una no menys intensa solidaritat interna. I heus ací un factor —el del contenciós que crònicament contribueix a la cohesió dels segments encarats amb ells mateixos i amb els seus propis enemics— que explicaria en gran manera l'atrocitat amb què es va desenvolupar la guerra

10. John Middelton, *Los Lugbara de Uganda*, Publicacions de la Universitat Autònoma, Barcelona, 1984 [1964].

civil grega de 1946-1949 en aqueixa regió del Peloponés, mentre va permetre que els diversos llinatges aprofitaren la violència presumptament política com un instrument amb què ajustar vells comptes pendents d'índole privada.[11]

La noció de *guerra segmentària*, encara que relativa a contextos de societats sense Estat africanes ens adverteix que el que en definitiva té en comú tot conflicte civil és la posada en marxa d'un ressort que fa que els que en aparença eren «dels els nostres» passen a convertir-se en estranys absoluts a qui és legítim, necessari i urgent danyar, potser fins a l'aniquilació. La fórmula adequada podria ser la que ens brindava Janine Chanteur, al referir-se a la figura de l'enemic en les guerres civils: «L'alteritat, en el cor d'*allò mateix* que és el cos social».[12] Joseba Zulaika ha descrit molt bé com es va produir en un context local —el poble d'Itziar, en el País Basc— l'enfrontament civil de 1936-1939. Un dels seus informadors li deia: «Franco no ha sido mi enemigo. Todos mis enemigos han sido de aquí, del pueblo».[13] És aqueixa estructura polaritzada el que caracteritza la guerra civil, aqueixa escissió taxativa de l'experiència quotidiana —la família, l'escala de veïns, la fàbrica, el barri, l'aldea, el poble, el grup d'edat, la penya festiva, el club esportiu, la tertúlia de café— en dos, sense que es puguen concebre postures intermèdies i sense que siga possible escapar —se siga o no combatent— de tal taxonomia dual. No hi ha disjuntiva possible: o s'està de «la nostra part» o «de la seua», i el trànsit d'un costat a un altre només és possible des de la deserció o la traïció.

La guerra civil seria llavors la projecció a la seua màxima escala de qualsevol eventualitat de violència física que enfronte de manera local parents, amics, veïns, conciutadans o compatriotes que es van considerar tals, i implica una interrupció del consens social i el fracàs dels instruments culturals institucionalitzats —incloent l'aparell estatal mateix— que inhibeixen el recurs a la violència lesiva. Una microfísica d'aquest tipus d'episodis hauria d'incloure fins a les seues mínimes expressions, aquelles en què la seua condició de contingents no les fa meréixer el qualificatiu d'esdeveniment sinó el d'anècdota o el d'incident. Aqueix seria el «grau zero» de conflicte violent interior a un grup i podria ser tipificat com

11. Cf. Margarita Xanthakou, «Violence en trois temps: vendetta, guerre civile et désordre nouveau dans une région grecque», en Françoise Héritier, ed., *De la violence II*, Odile Jacob, París, 1999, pp. 171-189.

12. Janine Chanteur, *De la guerre à la paix*, PUF, París, 1989, p. 16.

13.. Joseba Zulaika, *Violencia vasca. Metáfora y sacramento*, Nerea, Madrid, 1990, p. 59.

una modalitat danyosa d'interacció social *vis-à-vis*, entenent per aquesta, segons Goffman, «aquella que se da exclusivamente en situaciones sociales..., en las que dos individuos se hallan en presencia de sus respuestas físicas respectivas».[14] Es tracta llavors de la baralla domèstica, la baralla tavernària o la baralla de tràfic, en la qual els que es manifesten en desacord —i sense que importe en realitat «qui va començar primer»— opten per considerar insuficients les modalitats no lesives de violència —verbals o gestuals— i decideixen, com sol dir-se, «passar a les mans», atacar-se l'un a l'altre infringint ferides personals o dany a les seues possessions, és a dir exercint la violència contra els cossos i les coses, per molt que siguen poc habituals els resultats irreversibles en aqueixes microconteses consuetudinàries. Els actors, que han percebut una certa relació com asimètrica i creuen que és possible reparar-la, podrien haver optat per la indiferència, però han preferit practicar una modalitat de sociabilitat consistent en la màxima expressió del cos a cos interactiu, aquella en què es renuncia a mantindre les aparences i es prescindeix d'aqueixos para-xocs que són les regles de cortesia per a les tensions derivades de tota relació cara a cara.

Convé fer notar ací que aqueixa posada en relació entre les ruptures violentes del consens a nivell microsocial —de les quals els casos extrems acaben sent arreplegats en les pàgines de successos de la premsa— i d'aqueixos conflictes a la màxima escala que anomenem guerres civils és d'equivalència a escala, però també poden ser de contigüitat. De fet, la història dels esdeveniments registra abundants confirmacions del que els actuals teòrics del caos designen com «efecte papallona», en les quals un incident concret, a xicotet nivell, desencadena una dinàmica en cadena que pot desembocar en grans cataclismes en la convivència social. D'altra banda, no deixa d'haver-hi analistes que consideren que les grans explosions de violència urbana que sacsen periòdicament les ciutats occidentals, i que són manifestacions majors d'una violència quotidiana cronificada, constitueixen ja formes embrionàries de guerra civil. Els successos de Bristol, Manchester o Birminghan en l'estiu de 1992, els disturbis que va conéixer Los Ángeles en la primavera d'aquell any o la successió quasi regular de revoltes

14. Erving Goffman, *La presentación de la persona en la vida cotidiana*, Amorrortu, Buenos Aires, 1991, p. 173.

15. Gaston Bouthoul, *Traité de polémologie*, Payot, París, 1970 [1951], p. 29.

16. Vegeu, per exemple, Gabriele Ranzato, ed., *Guerre fratricide. Le guerre civili in età contemporanea*, Bollati Boringhieri, Torí, 1994. Una excel·lent compilació en la qual s'arrepleguen diversos casos contemporanis de guerra civil i que recull la trobada entre historiadors contemporaneïstes i antropòlegs que tingué lloc a Barcelona l'octubre de 1992 *Les guerres civils a l'època contemporània*, organitzat pel Departament de Presidència de la Generalitat de Catalunya.

17. Simmel, *op. cit.*, p. 267.

en les perifèries urbanes franceses en els últims vint anys, amb la gran explosió generalitzada en la tardor del 2005, solen ser citades com a exemple d'això, encara que per descomptat que seria fàcil trobar una infinitat de casos comparables. La reflexió del llibre de Hans Magnus Enzensberger, *Perspectives de guerra civil*, se situen en aqueixa direcció, suggerint que ens trobaríem en el moment actual davant d'una forma no tradicional de guerra civil, que ell anomena «molecular», i que es tradueix en l'apunt «todo vagón de metro es ya una Bosnia en miniatura» (en *El País*, 28 de novembre de 1993). Apreciació, per cert, gens nova. En el seu intent per construir una polemologia o sociologia dels esdeveniments bèl·lics, Gaston Bouthoul ja incorporava la violència delictiva com una de les figures possibles del conflicte intern al grup social, en tant que variant exasperada d'antagonismes personals.[15]

En aqueix mateix àmbit d'assenyalament de la labilitat de confins entre formes bàsiques i complexes, locals o generals, de conflictivitat violenta interna, si la noció de «guerra fratricida» serveix per a explicitar la consciència que es té que una guerra civil equival a un esclat de violència entre germans o persones d'una mateixa família,[16] el concepte de «guerra intestina» remet al fet que és un mateix òrgan viu el que alberga la lluita. De fet, el que ací es produeix és una apropiació metafòrica en dues direccions. El cos físic li presta els seus òrgans interns a la guerra intrasocial perquè aquesta trobe un model pensable que posar-se al·legòricament, al mateix temps que l'individu mateix veu en la guerra civil un equivalent hiperamplificat de la seua pròpia conflictivitat personal, dels patiments psicològics i inclús de les autoagressions psicosomàtiques que són conseqüència de les contradiccions que cada u alberga. El poeta Antonio Machado, tantes vegades citat com una de les víctimes il·lustres de la guerra civil a Espanya, emprava el símil bèl·lic per a referir-se a aqueixa sensació, quan en un dels seus «Cantares» escrivia: «Yo vivo en paz con los hombres / y en guerra con mis entrañas». El mateix Simmel percebia les possibilitats analògiques de l'autoodi que pot experimentar l'ànima individual per a donar compte «de toda disensión en el interior de una fracción política, de un sindicato o de una familia».[17] Saint-Exupéry havia aplicat

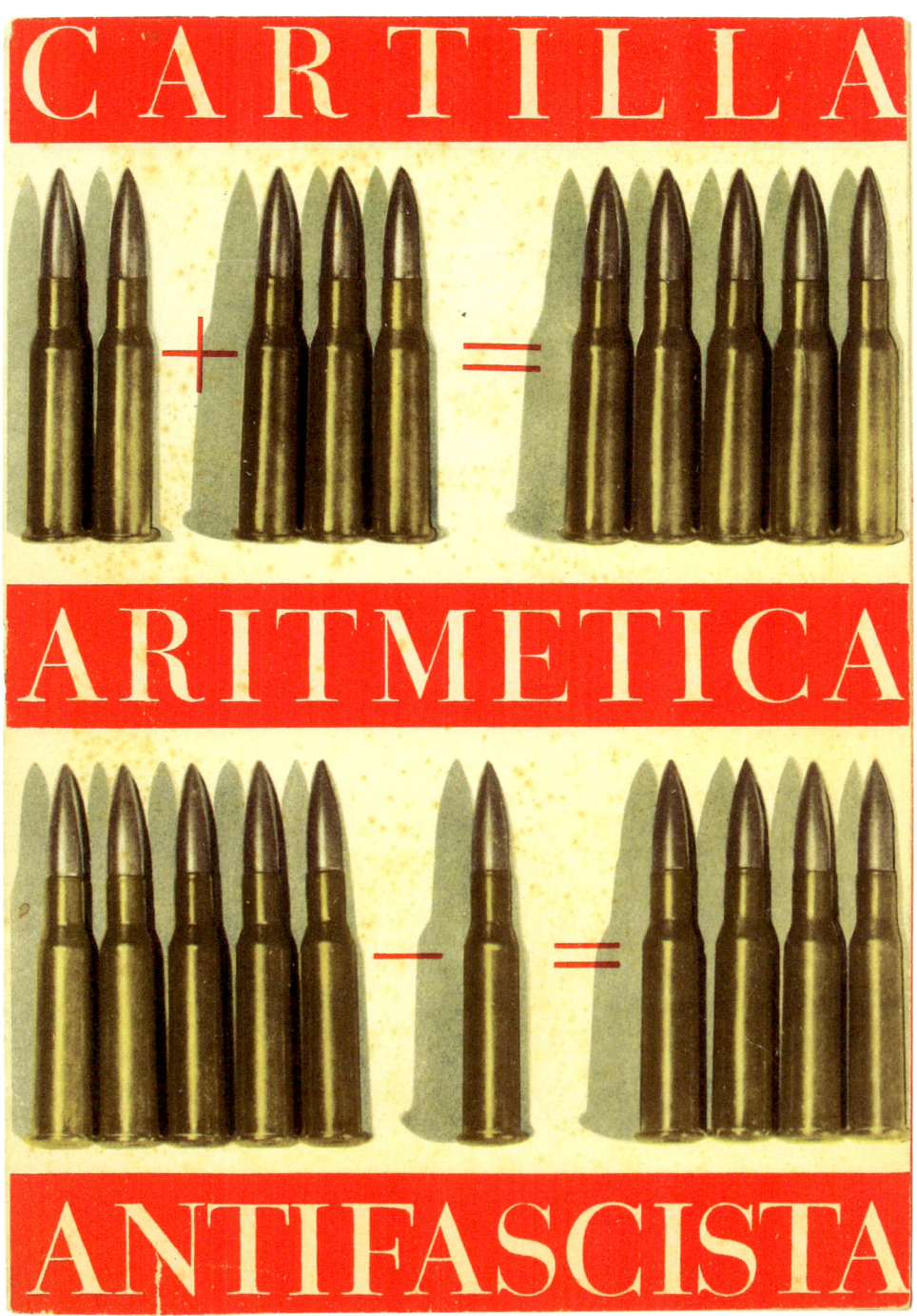

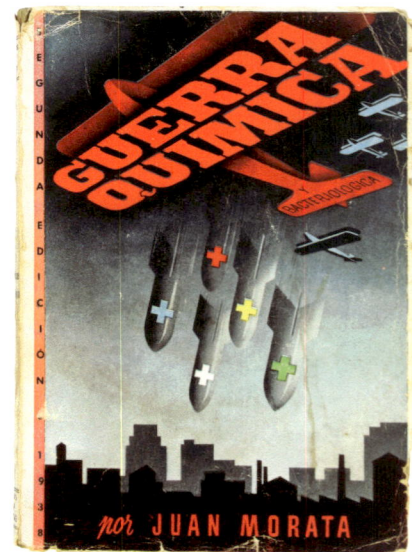

espontàniament tal símil en la seua experiència espanyola de 1937: «En una guerra civil, el enemigo es interior, cada cual se bate casi contra uno mismo».[18] A igual títol, tota pau civil és una de les formes que pot adoptar la pau interior. També en l'individu, la voluntat de lluitar contra la fragmentació, la necessitat de recuperar una unitat que se sent alienada per les pròpies contradiccions personals, s'erigeix en el més microscòpic dels models de guerra civil de què disposem.

GUERRA CIVIL I VIOLÈNCIA RITUAL

El que hui entenem per guerra civil implica, entre altres coses, una reconducció d'aqueix procés de conciliació entre identitats, interessos i concepcions del món en què es basa el que, seguint Norbert Elias, diem convivència *civil* o *civilitzada*, açò és la capacitat que els individus tenen d'autodisciplinar-se i els grups socialment integrats però contradictoris d'acceptar l'arbitratge de l'Estat en la resolució dels seus conflictes. Un sistema social que estableix el seu principi de compatibilització de valors discrepants i fites diversificades en la civilitat, sempre posa a disposició dels seus components individuals i col·lectius zones tempo-espacials en què escenificar les seues diferències i on alleujar la crispació crònica derivada d'aquesta conflagració larvada en què consisteix una cohabitació social basada en la competència. No s'oblide que precisament aqueixa era la premissa sobre la qual Norbert Elias i Eric Dunning edificaven la seua genealogia dels esports moderns basats en l'enfrontament entre clubs,[19] conseqüència que haurien sigut de la voluntat de la societat anglesa del segle XVIII de buscar àmbits d'escenificació i resolució pacífica dels conflictes que permeteren superar el que havia sigut un dilatat període anterior marcat per desoladores i continuades guerres civils, alhora que una de les autodisciplines amb què, en el pla personal, procedir a aqueixa pacificació dels cossos que tanta importància revestiria en el procés racionalitzador o de modernització.

Aquesta consensuació de les divergències que exigeix la pau civil pot quedar interrompuda per la irrupció de la violència lesiva com a mecanisme amb què solucionar contenciosos entre individus o col·lectius enfrontats en el si d'una

18. Saint-Exupéry, *op. cit.*, p. 76. En la mateixa línia la famosa afirmació d'un dels personatges de *Per qui toquen les campanes*, com se sap la novel·la d'Ernest Hemingway sobre la guerra civil espanyola: «Les campanes toquen per tu».
19. Norbert Elias i Emil Dunning, *Deporte y ocio en el proceso de civilización*, FCE, Mèxic, 1996.

societat, quasi sempre com a resultat del fracàs d'aquest servomecanisme de retroalimentació negativa que, basat en la violència al·legòrica i no lesiva, permetia anar drenant les tensions i mantindre estable el precari concert societari. L'ús d'aquest recurs cultural que és la violència danyosa, viscut pels actors en tant que inevitable, porta la interrelació social a un nivell de paroxisme insuperable, en el qual els termes del pacte civilitzatori són cancel·lats i el control central de l'Estat desobeït, i això fins que certs desacords greus queden resolts per la victòria —eliminació, expulsió o submissió d'algun dels bans en conflicte—, la renegociació o la reconciliació.

Sens dubte, Elias i Dunning tenien raó a l'establir l'esport de competició entre equips com un mitjà per a evitar la guerra civil, a base d'espectacularitzar l'existència dels contenciosos entre sectors de la societat i la seua resolució pseudo-violenta, i col·laborant així amb la tasca estatal d'administrar la revenja i del parlamentarisme de constituir-se, per emprar paraules d'Elias Canetti, en una forma de «guerra sense morts». Però la fórmula que Anglaterra va trobar el segle XVIII en la formació de clubs i en el disciplinament controlat de les desavinences no constituiria en realitat sinó una variant més d'aqueix tipus de dispositius que totes les societats afronten els conflictes entre les fraccions que l'habiten, el seu equilibri inestable i ho fa evitant la conflagració alhora que la institucionalitza. L'antropologia no ha fet sinó aportar prova rere prova que, com assenyalava Mary Douglas, «acaso todos los sistemas sociales see fundan en la contradicción y, en cierto sentido, se encuentran en estado de guerra consigo mismos».[20]

En efecte, tota societat està configurada per sectors que mai estan del tot ajustats, que es mantenen en tensió uns enfront d'altres i que conviuen amb la permanent amenaça d'una dissolució del seus més o menys sòlids llaços que, si no hi ha altre remei, només aconseguiria ser evitada pel recurs a la violència física. Aqueixa constant tasca d'acoblament de l'heterogeni i oposat en què consisteix qualsevol dinàmica societària es pot dur a terme perquè tal antagonisme mai queda evitat del tot, perquè rep l'oportunitat d'existir de veres en algun lloc, sense que això afecte els mínims d'estabilitat en el sistema. El cúmul de rancors que no

20. Mary Douglas, *Pureza y peligro*, Siglo XXI, Madrid, 1992, p. 164.

pot deixar d'exsudar el funcionament de la màquina de conviure té a la seua disposició escenaris en què explicitar-se, fent-ho a més de l'única forma que accepta: per mitjà de la violència, potser el recurs més eficaç amb vista a garantir la cohesió d'un grup social, almenys en última instància.[21] Es tracta, però, d'una violència virtual, exhibida en batalles rituals en què els sectors enfrontats es conformen amb metàfores de victòria d'uns sobre altres i les expressions mínimes dels quals serien les relacions burlesques o les competicions de cançons o poemes que trobem en nombroses cultures molt distants entre si. Ha d'afegir-se que tals àmbits de violència controlada no són només reservoris d'agressivitat en estat brut, sinó que instrueixen als elements socials una autèntica pedagogia dels estils de violència culturalment disponibles. El que s'escenifica en els ritus en què es danya simbòlicament no són catarsis de desinhibició psicològica de tensions, sinó autèntics models *de* i *per a* la violència, tal com Clifford Geertz certificava en «Deep Play», el seu conegut article sobre les baralles de galls en Bali —«cada pueblo ama su propia forma de violencia»—,[22] o com després Joseba Zulaika, en el seu ja mencionat *Violencia vasca*, va aplicar al cas dels paradigmes culturals ritu-festius que, segons sostenia, inspiren l'acció armada d'ETA, en el País Basc d'ara mateix.[23]

Així, totes les societats tenen a la seua disposició tecnologies ordinàries de regulació de desavinences, per mitjà de les quals els vincles societaris pacífics s'imposen a la lògica de l'enfrontament traumàtic, encara que sense perdre-la mai del tot de vista. La seua missió és de la mateixa naturalesa que la que la mediació de l'Estat o la guerra civil s'encarregaven de garantir: el soldament d'antagonismes socials. En el nostre món aqueixos ressorts estan en primera instància organitzats al voltant dels aparells judicials, mentres que en les societats políticament poc o gens centralitzades es confia l'arbitratge a personalitats rituals. Però, per damunt o al marge de tals mecanismes de regulació, les societats es doten d'àmbits en què la violència està permesa i pot exercir-se de forma planificada. Els ritus festius —dels quals l'espectacle esportiu no deixa de ser una versió moderna— suposen aqueixa mateixa democratització o trivialització

21. Un dels últims assajos de l'antropòleg indi Arjun Appadurari es centra en la revitalització d'aqueix mecanisme que, basat en la violència exercida contra minories dels Estats-nació, assegura el manteniment de la congruència interior, en tant s'aplica destructivament contra tot allò que amenace la seua suposada integritat. I això, paradoxalment si es vol, com a conseqüència de les mateixes dinàmiques de globalització que col·loquen en situació de crisi permanent tota certesa identitària (cf. *El rechazo de las minorías. Ensayo de una geografía de la furia*, Tusquets, Madrid, 2007).

22. Clifford Geertz, «Juego profundo: Notas sobre la pelea de gallos en Bali», en *La interpretación de las culturas*, Gedisa, Barcelona, 1987, p. 340.

23. Cal fer notar la presència d'aqueix tipus de percepcions —preses o no de l'obra de Zulaika— en una pel·lícula que les il·lustra immillorablement: *La pelota vasca*, de Julio Medem (2003). Hi veiem repetir-se els muntatges en què les reflexions sobre el conflicte a Euskadi apareixen acompanyades d'imatges de festes populars basades en l'enfrontament i l'exhibició de força i valor.

inofensiva del dret a l'agressió, la dimensió instrumental de la qual el poder polític s'arroga en monopoli. Al seu torn, la guerra implica que coses que de cap manera serien acceptables en condicions de normalitat —l'homicidi, la violació, el saqueig— resulten no sols permeses sinó fins i tot obligatòries, la qual cosa reprodueix aqueixa mateixa inversió generalitzada dels valors de la vida quotidiana que constitueix la festa, amb una diferència que també ací és de grau. Però el més important és que la festa, com la guerra, permet que el recurs a la violència estiga d'alguna manera present en la comunicació entre grups socials i individus contraposats que conviuen davall un mateix sostre social. En aqueix sentit, la festa trobaria el seu paral·lel en el paper que en la interacció cara a cara exerceixen l'humor, les bromes o determinats jocs basats en l'enfrontament paròdic, fórmules de pseudoagressió institucionalment previstes en les quals es tolera l'exposició pública de certes hostilitats persona-persona més o menys vetlades. Cal recordar que Bataille ja notava com la violència ritual mereixia figurar en el compartiment de les violències intrasocials: «Precisamente la violencia exterior se opone en principio al sacrificio o a la fiesta cuya violencia ejerce en el interior sus estragos».[24]

Hi ha una altra consideració important a fer en aqueixa mateixa direcció. No hauria de considerar-se casual que fóra Marcel Mauss, nebot i deixeble avantatjat de Durkheim, el primer a cridar l'atenció sobre com era de fàcil passar de la festa a la guerra, ni que tal apreciació se situara just en la conclusió d'una de les seues obres mestres, l'«Ensayo sobre los dones». En les últimes línies de la seua obra, Mauss evoca el cas dels dos caps melanesis, Bobal i Buleau —«más bien amigos y sólo un poco rivales»—, les hosts del qual van passar juntes «toda una noche de vela, de danza y de canto».[25] Al matí següent es van entregar a la massacre d'uns contra altres. Com escrivia Claude Lefort: «La comunión humana pressentida es proclamada con frenesí; por poco que una amenaza aparezca, sólo la matanza puede evitar el fracao».[26]

Aqueixa és en certa manera la conclusió a què cal arribar. La violència interior a una societat es desvela d'aquesta manera com un mecanisme que, en últi-

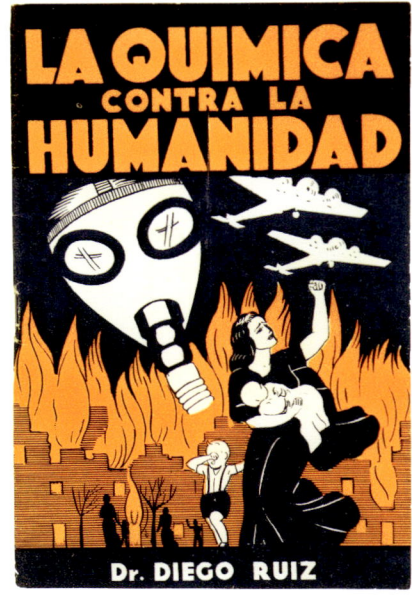

24. Georges Bataille, *Teoría de la religión*, Taurus, Madrid, 1975, p. 61.

25. Marcel Mauss, «Ensayo sobre los dones», en *Sociología y antropología*, Tecnos, Madrid, 1990 [1923], pp. 153-263.

26. Claude Lefort, «El intercambio y la lucha de los hombres», en *Las formas de la historia*, FCE, Mèxic DF, 1988 [1951], pp. 15-26.

ma instància, garanteix que la cohesió i la congruència d'una unitat social dona-da i ho fa, certament, *al preu que siga*. És a dir, l'odi torna a actuar com a forma radical d'adhesió entre els membres d'un ban i entre aquests i els del ban contra-ri, alhora que el dany funciona com a valor d'intercanvi o moneda la tasca del qual és circular i mantindre vinculats aquells que se'ls infringeixen, a la manera d'un compte de greuges i contragreuges que fa la impressió que mai acaba de quedar saldada del tot. La violència bèl·lica és, en aquest cas, la modalitat més extrema d'això que Schmitt definia com a moment decisiu, «momento de las veras»,[27] aqueix instant decisiu de gran significació en què «aparece el núcleo de las cosas». És llavors quan els associats o un d'ells —siga quina siga la naturalesa del nexe— descobreixen que l'única manera de romandre units és infrigint-li a l'altre un mal al qual només puga oferir com a contrapartida la submissió —abso-luta en el cas de mort— o un mal encara major, ja que l'afront només es pot pagar o cobrar amb usura, és a dir amb escreix. Aqueixa és la terrible eficàcia de la vio-lència armada: la seua virtut per a mantindre junts enemics que en el fons es necessiten els uns als altres per a existir, ja que només existeixen com la conse-qüència d'aqueix enfrontament que els uneix.

I és que qualsevol agrupació social reductible a la unitat —del tipus que siga; sense que importe quina és la matriu de la seua singularitat— només pot definir-se no *per*, sinó *com* la conseqüència del contrast antagònic amb algun enemic a qui sotmetre, del qual mantindre's allunyat o del qual protegir-se, enemic que pot ser visible o invisible, real o fantàstic. Aqueix és el principi que alimenta la lògica del *nosaltres-ells* del qual depén qualsevol conglomerat humà que proclame una identitat pròpia i establesca no importa quin tipus de fronteres o límits que el segregue dels altres, encara que siga en un pla merament imaginari. En el cas de les guerres civils, la violència mortal no es dirigeix mai contra els propis, sinó sempre contra estranys que un dia van passar enganyosament com *dels nostres* i que ara, desemmascarats, mostren la seua naturalesa bestial o diabòlica i la seua condició de perill per a tots i per a tot. Perquè l'enemic és sempre aquell que encarna allò altre, o, millor dit, *l'essencialment altre* o *allò altre essencial*, encar-

27. Schmitt, *op. cit.*, p. 65.

nat en l'alié absolut i intensiu de sobte descobert al nostre costat i de la neutralització del qual —per la via del subjugament, l'expulsió o l'eliminació— depén la supervivència del nosaltres. Aqueix *nosaltres* del qual *l'altre* a véncer és al mateix temps la negació i el requisit.

La guerra civil es desencadena en el moment en què les parts adaptades en un tot social intueixen el perill greu i imminent de veure trencades les seues costures. En aqueix cas, els segments que es detesten reben amb tota la lucidesa fins a quin punt es necessiten per a existir i decideixen portar tal evidència fins al seu extrem més radical, aquell en què, lluny de distanciar-se, els socis s'embarquen en un esforç mutu per destruir-se, un afany de crueltat i càstig recíprocs que els vincula més irrevocablement si és possible que abans. L'enfrontament armat generalitzat serveix llavors per a accelerar al màxim els mecanismes d'integració, encara que siga a costa de renunciar moralment o físicament a una part de la totalitat social, per a amb això reforçar l'organització resultant.

Això és vàlid hui per a un sistema de món en què la guerra posa de manifest la seua capacitat per a vertebrar la societat globalitzada, una societat que ja és la mateixa per a tots i que dóna peu que es puga parlar hui de «guerra civil imperial».[28] Però, abans que aqueix dispositiu de violència intrasocial arribara a demostrar les seues «virtuts» estructuradores a nivell planetari, aquestes ja havien quedat patents a una escala molt més modesta, però no per això —o, millor, justament per això— menys clarificadora. La guerra civil estava aquí, en les societats en aparença més simples que conformaven els segments i llinatges de pobles exòtics o en xicotetes cèl·lules socials, com la dels que, abocats a compartir un mateix temps i espai —els «vells amics» de *La caza* o els xiquets perduts d'*El senyor de les mosques*—, arrossegaven la seua convivència obsessiva fins a les últimes conseqüències i preferien matar-se abans de viure separats.

28. Michael Hardt i Antonio Negri, "Multitud. Guerra y democracia en la era del imperio", Debate, Madrid, 2004, p. 62.

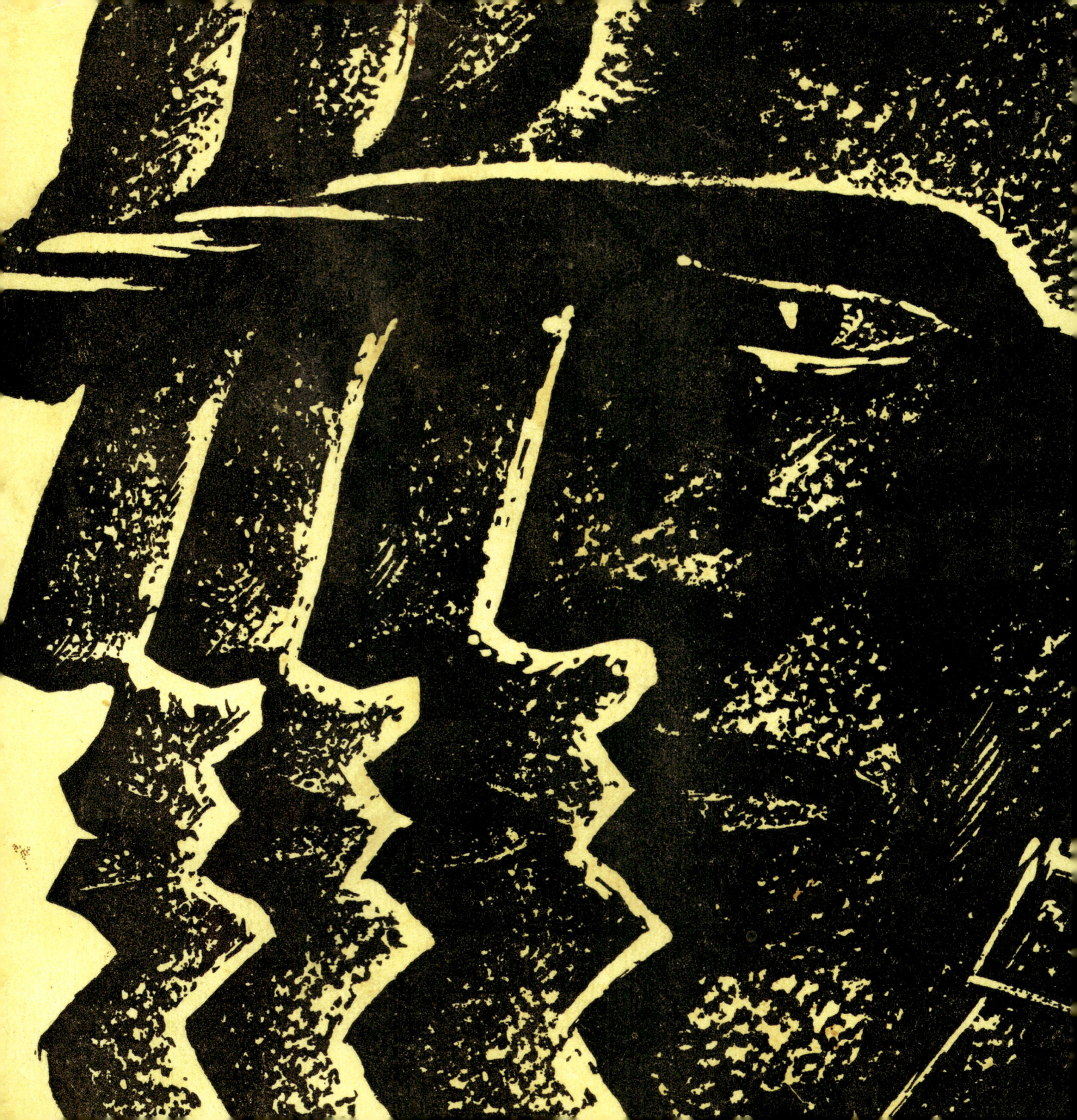

Tots morts. La guerra total imaginada

NICOLÁS SÁNCHEZ DURÁ

Universitat de València

OFEGAR-SE EN SEC

¿Com imaginaven les gents d'Europa que seria la guerra del futur després del final de la Gran Guerra? Encara que tal assumpte revestira un caràcter diferent segons els països hagueren participat en les aliances combatents o romàs neutrals, hagueren patit la destrucció i el fragor del front en el seu sòl o estat mera rereguarda, és notable el fet, relativament nou, d'aqueix comú i massiu imaginar com seria la guerra de l'esdevenidor que, pensaven, acabaria produint-se inevitablement. El motiu de tal obsessió pot veure's a contrallum en la proliferació de publicacions pacifistes, la majoria il·lustrades amb fotografies de la Primera Guerra Mundial, que van predicar la pau precisament insistint sobre les característiques d'aquella. Una guerra tecnificada el poder de destrucció de la qual havia estat tan vast que, s'intuïa, la següent no podria concloure sinó en un apocalipsi.

Potser una sola imatge (fig. 1) puga donar compte del trànsit de les guerres de gabinet a allò que s'anomenaria, a partir de llavors, la guerra total. Perquè el soldat que hi apareix —la foto és del front de l'est— reuneix elements de dues maneres,

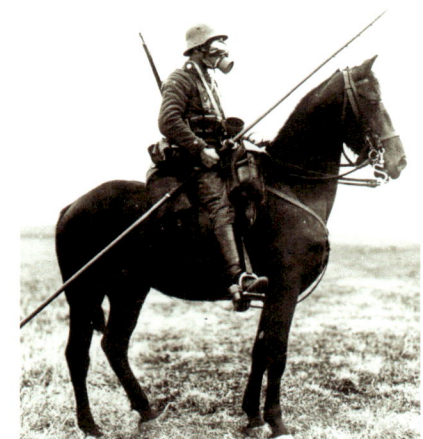

Fig. 1

de dues èpoques, una de les quals la guerra agranaria per sempre: el concepte cavalleresc de combat entre guerrers convertit per sempre en un matança entre soldats. Les armes automàtiques, les metralladores i la seua velocitat de tir acabarien amb el cavall com a animal de combat (excepte per al transport i la intendència). Però més simptomàtica encara és la combinació d'armes i protecció que el soldat exhibeix, la llança o pica i la màscara antigàs. La llança pertany a una forma de combat on el combatent, que encara és un guerrer, llanceja un altre guerrer a l'abast de la seua vista. Una arma on hi ha l'escassa distància física pròpia d'una lluita en què un cos, i el seu apèndix armat, col·lideix amb un altre cos. Però la màscara antigàs fa referència a una arma abstracta, no destinada a fendre aquest o aquell, sinó a crear una atmosfera on peresca tot allò vivent envoltat per ella.

Des que els alemanys utilitzaren el 22 d'abril de 1915 en el front de Steenstrat, a Langemark, prop d'Yprés, Bèlgica, el que els francesos van anomenar yperita, els anglesos gas mostassa i els alemanys *Gelbkreuzkampfstoff* (material de combat amb creu groga; és a dir, gas clòric), el gas va passar a ser quelcom així com la xifra de la guerra moderna. El que van veure els soldats francesos aquell dia —dos dies després el mateix tipus d'atac es va repetir contra les tropes canadenques a l'est d'Yprés— va ser un núvol de color groc verdós que van confondre amb una cortina de fum. En poc de temps es va produir la desbandada. Els soldats tiraven les armes, corrien cegats entre vòmits de sang, esgarraven les seues camises i intentaven inhalar un aire que no arribava als seus pulmons mentre patien violents atacs de set. Aquella batalla va tindre una repercussió enorme; la premsa de París i de Londres van ajudar a estendre el pànic.

Prompte el gas asfixiant es va convertir en una arma emprada per ambdós bans i els anglesos van utilitzar massivament les bombes de gas propulsades pel tub *Livens* en la batalla del Somme. Al juny de 1918 els francesos, valguen aquests dos exemples, van bombardejar els alemanys en retirada causant milers de morts a unes tropes que, en no esperar tal tipus d'atac, no estaven proveïdes de màscares. El primer atac d'Yprés contra la infanteria francesa va causar 5.000 morts i 10.000 ferits que van sobreviure per sempre amb les seqüeles. Els canadencs, en aquell novell segon atac, van patir 5.000 morts més. El cas és que la progressiva millora de les màscares antigàs —primer, rudimentàries caputxes de feltre amb orificis oculars coberts amb mica; després, de cautxú amb filtres de carbonat de sodi i carbonat de potassi— no va poder inhibir per complet l'efecte dels gasos. Els cegats pel gas caminaven pertot arreu en la reraguarda i potser una de les fotografies més difoses d'aquella guerra siga la fila de soldats cegos, els ulls embenats, la mà sobre el muscle del company que el precedeix, avançant ranquejant a través d'un paisatge desolat.

En el període d'entreguerres va haver-hi una verdadera obsessió pel gas com a arma de combat del futur. Una obsessió, potser hui oblidada, però llavors omnipresent: els soldats emmascarats, els invàlids invidents amb les seues ulleres fosques, acampen pels quadros i gravats d'Otto Dix, els fotomuntatges de Heartfield per a les portades de la revista *AIZ*, els foto-llibres pacifistes com el famós d'Ernst Friedrich, *Krieg dem Kriege!* (*¡Guerra a la Guerra!)* de 1924 (del qual se'n van arribar a publicar onze milions d'exemplars en més de quaranta idiomes, entre ells l'espanyol),[1] o els llibres que es van escriure i es van publicar, alguns profusament il·lustrats, per a elaborar la memòria d'un conflicte tan traumàtic. D'altra banda, no hi ha memorial de guerra o cenotafi, els quals es van estendre per tots els racons de les nacions combatents especialment a l'oest, que no incloguera la representació monumental de l'atac de gasos o de soldats proveïts de màscares.

Prova d'aqueixa obsessió, a Espanya, és la quantitat de publicacions respecte d'això que en aquesta exposició es mostren, algunes de títol tan significatiu com *La Química contra la humanidad,* del Dr. Diego Ruiz, el subtítol de la qual resa «La verdad a mi pueblo sobre la falacia de la defensa de los gases».[2] Però més que les que es van publicar en plena contesa civil, són il·lustratives del que ens ocupa les publicades *abans* que arribara la guerra pressentida i desmentira la rellevància que es va pensar que tindrien els gasos. I així el Dr. Lustig, el llibre del qual *Efectos de la Guerra de los Gases* va ser traduït i publicat per Espasa-Calpe

1. En relació al llibre de Friedrich, d'una ressonància en l'època que no pot deixar de subratllar-se, vegeu el meu «Guerra, técnica, fotografía y humanidad», en Sánchez Durá, N. (edit.), *Ernst Jünger: Guerra, técnica y fotografía*, Universitat de València, 2000 (tercera edició 2003); també Collotti, E., «Ernst Friedrich, un animilitariste dans l'Allemagne des années 1920», en AADD, *Le xx siècle des guerres*, Les Éditions de l'Atelier/Éditions Ouvrières, París, 2004, pp. 353 i ss.

2. Ediciones Tierra y Libertad, Barcelona, 1937.

MASCARADA INTERNACIONAL
(PERO EN SERIO)

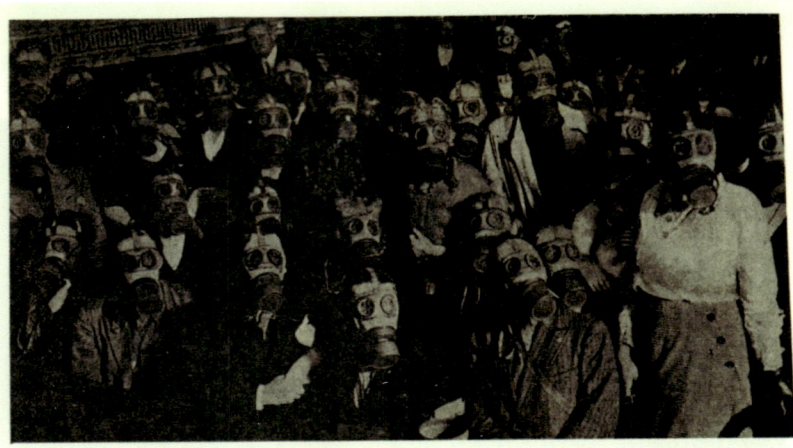

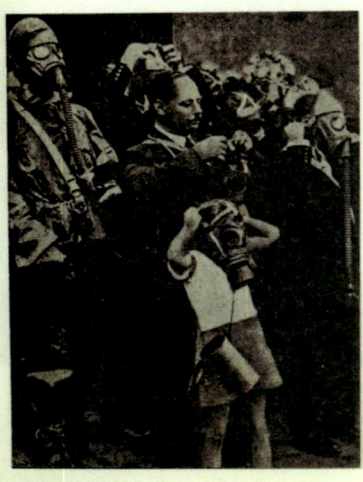

1: En las Universidades hacen prácticas contra los gases... «por si acaso».

2: En París se enseña al público la forma de usar las máscaras contra los gases.

3: Durante una demostración *contra la guerra*, organizada en Londres, varios batallones infantiles desfilan por las calles Southgate y Wood Green.

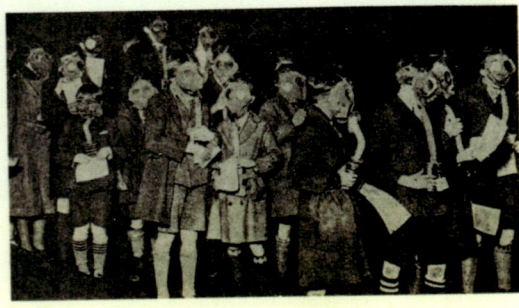

Fig. 2

l'any 1935, conclou el seu capítol primer, «Algunos recuerdos históricos sobre el uso de los gases en la guerra. El desarrollo de la guerra química», amb la declaració següent:

«Ríos de tinta han sido vertidos desde que terminó la guerra hasta ahora, para formular previsiones e ilustrar lo que serán las guerras del porvenir...si es verdad que la guerra química ha sido condenada por el Protocolo de Ginebra del 17 de junio de 1925, que confirma y completa el Tratado de Washington (6 de enero de 1922) y de Versalles (28 de junio de 1919), por las diferentes Comisiones de la Sociedad de Naciones, por la Cruz Roja de todo el mundo, no es menos cierto que todos están acordes en empujar a los Estados a proveerse para el porvenir, como si la violación del Pacto en caso de guerra fuese la cosa más natural del mundo.

Nosotros creemos que en las guerras futuras, a pesar de las numerosas sanciones, de los Tratados, y las razones más o menos sentimentales e ideológicas, el empleo de los agresivos químicos será considerado tan legítimo como el de las otras armas, que, por otra parte, fueron en otros tiempos tachadas de inhumanas, y como tales condenadas. *Absolutamente legítima y condenable debe considerarse la guerra aérea y aéreo-química contra la población civil inerme*. Pero no se puede por menos de constatar que los preparativos de defensa y las tentativas de educación de las masas civiles por parte de varios Estados hacen suponer que la dura ley de la guerra, imponiendo a todos sus fatales consecuencias, no excluirá de sus riesgos a ninguna categoría de personas en las futuras competiciones de los pueblos».[3]

Precisament, en una nota al peu del text acabat de citar, Lustig subratlla les maniobres civils antigàs realitzades en certes ciutats europees, al mateix temps que la distribució de publicacions de divulgació entre la població no militar. A aqueixes maniobres de defensa civil fa referència la imatge «Mascarada Internacional (però seriosament)» (fig. 2). L'interessant és que aqueixa imatge il·lustra un article anònim —de títol «Hablan los técnicos. Lo que será la guerra futura»— aparegut en el número 20 (gener de 1934) d'*Orto. Revista de documentación social*, publicada a València, dirigida per Marín Civera i el redactor gràfic

3. Ibidem, pp. 15-16.

Anticipaciones de la "próxima"

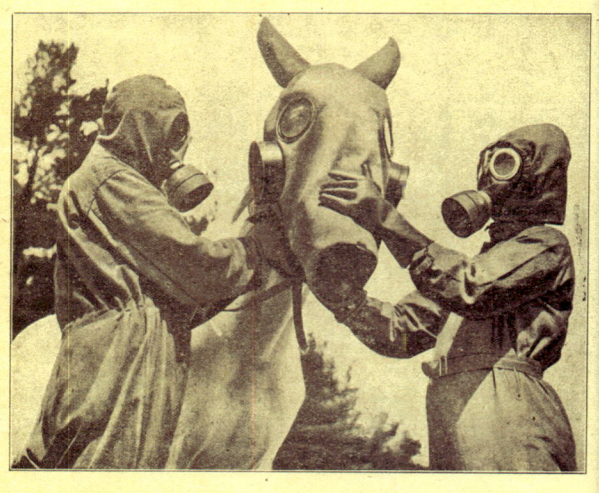

Ejercicios de protección contra los ataques con gas. No solamente la población, sino también los animales domésticos tendrán que sufrir la tortura de esas máscaras que los convierte en seres apocalípticos. ¿Y para qué? Para ver en minutos alucinantes la muerte de todo lo vivo de la Tierra y morir ellos después.

Fig. 3

La moda de mañana

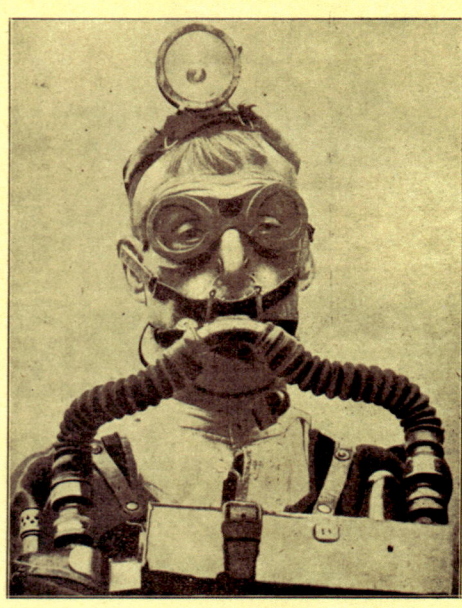

He aquí un comercio en franca prosperidad: la fabricación de máscaras contra el gas. He aquí uno de los modelos más prácticos y más recientes, ya que no podemos decir que sea el más elegante. Ahora bien: «con toda buena fe» se nos dice que este modelo se fabrica actualmente para fines industriales.

Fig. 4

de la qual va ser Josep Renau.[4] En ella xiquets, universitaris, civils en general de França i Anglaterra s'emmascaren contra el gas. De fet l'article és una recensió d'un llibre col·lectiu, *What would be the Character of a new war* (Quin serà el caràcter d'una nova guerra), escrit per díhuit experts militars provinents d'Europa, Amèrica i Japó, que acabava de publicar-se a Londres. Però, per al que ens ocupa, on radica el valor del text és en el seu gènere divulgatiu, ser tant la traducció del llenguatge dels especialistes al llenguatge pla de la divulgació com el concís subratllat de les característiques de la guerra futura que es pretén instal·lar en la mentalitat comuna. I així un apartat es dedica a les formes de sufocació, a un «gas verd» que provoca l'«ofec en sec»: les víctimes moriran ofegades en la seua pròpia sang a resultes de l'entollada dels pulmons. Però la mateixa obsessió pels gasos es mostra en publicacions molt més populars i propagandístiques. Siga l'exemple del fullet il·lustrat català, distribuït per la Unió de Quiosquers, «Los crímenes de la guerra. Álbum de fotografías sensacionales e inéditas sobre la barbarie y la miseria de la guerra».[5] Amb fotografies, fotomuntatges i fotos retocades al llapis gras, es repassen amb extrema cruesa les crueltats de la guerra de 1914-18, de la guerra entre Xina i Japó i de la guerra civil russa. Una de les seues pàgines adverteix: «Pacifistas: No olvidéis las palabras de estos hombres» (junt amb declaracions per la pau i fotografies de Mussolini, Stalin, Lord Cecil —el representant de Gran Bretanya en la Societat de Nacions— i Raimond Poncaré). A més, es dedica un espai considerable al gas (fig. 3 i 4). Les dues fotografies fan referència al futur: «Antipaciones de la próxima», «La moda del mañana». La primera posa de manifest que el gas és una arma envoltant que tot ho abraça, que de la seua atmosfera mortífera no escapa cap vivent, que la guerra futura és sinònim d'Apocalipsi. La segona afig un matís important: el que es fa passar com un desenvolupament tècnic dedicat a la producció industrial no és més que un artefacte bèl·lic, una màscara emmascarada. La pau no és sinó un estat precari on s'acumulen forces destructores per a la guerra inevitable. També en la pau tot esforç de treball era, al cap i a la fi, un esforç bèl·lic.

4. Vegeu l'edició facsímil de la revista, *Orto (1932-1934). Revista de documentación social*, Centre Francisco Tomás y Valiente UNED Alzira, Fundació Institut d'Història Social, València, 2001. L'article apareix en el Vol. II, pp. 1.320 i ss.

5. Comentaris de Javier de Lazy, Talleres Gráficos Armengol y Cía., Barcelona, 1933.

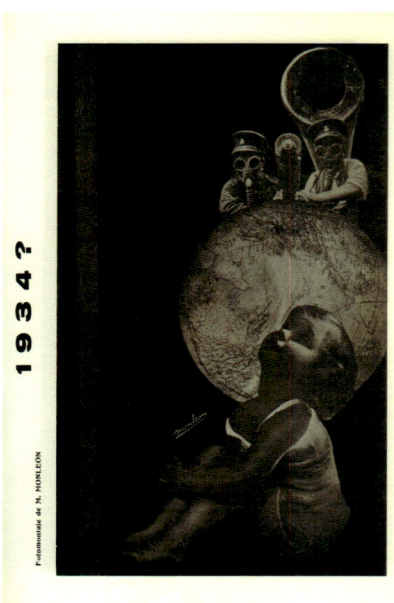

Fig. 5

LA TÈCNICA DEL BOMBARDEIG, EL BOMBARDEIG DE LA TÈCNICA

Però no sols el gas va estimular l'endevinalla de la guerra futura. El fotomuntatge de Monleón, que també il·lustra l'esmentat article «Hablan los técnicos. Lo que será la guerra futura» publicat en *Orto*, suposa una concisa síntesi en què es representen altres dues armes que al seu torn van caracteritzar la Primera Guerra Mundial i van coadjuvar a la posterior imaginació bèl·lica popular (fig. 5). Al costat de dos soldats emmascarats apareix una metralladora i un canó pesat; davall, al seu abast i subjecta al seu domini, la terra tota representada en la seua forma més abstracta, com a globus terraqüi. Igual que el gas, o el llançaflames, inventat poc abans del conflicte, l'artilleria pesada de llarg abast, les mines subterrànies i les armes automàtiques són armes abstractes que poden matar en massa i a distància. En el cas de l'artilleria pesada, a una distància tal que el seu efecte mortífer i destructor no pot veure's més que de forma diferida o indirecta. És a dir: són armes pròpies no de guerrers que encara en la seua lluita a mort es reconeixen com a individus, sinó d'un enfrontament de soldats el foc dels quals destrueix un enemic configurat com a massa, espai i recursos bèl·licoeconòmics que aniquilar. L'artilleria pesada, les armes automàtiques, els bombardejos aeris i els gasos agranen espais indistints, indiferenciats. El terreny desposseït de les seues qualitats sensibles ja no és sinó retícula adequada i propícia per al càlcul destructiu. I tal capacitat perceptiva i cognitiva, a través de representacions que tenen, precisament, el mateix caràcter abstracte, junt amb la potència i rapidesa de foc, fa possible la seua destrucció total. Tal conjunció de representació i destrucció abstractes es mostra i posa de manifest en les nombroses fotografies aèries, bé siga de vastes extensions agranades per les explosions dels obusos que desprenen gasos en expansió progressiva; bé dels grans forts, com el famós de Douamont de la batalla de Verdun, captats en els seus esquemes formals junt amb la retícula de les seues comunicacions terrestres, absolutament romputs pel foc d'extermini; o dels milers de presoners amuntegats o d'enormes embolics de cadàvers després dels atacs massius o els bombardejos artillers. En totes elles s'aprecia que la

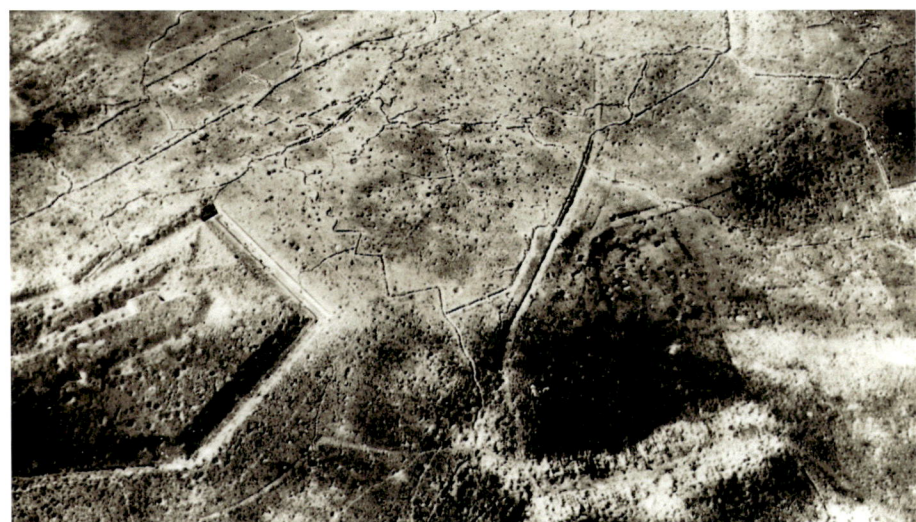

Fig. 6. El destruït fort de Douaumont vist des d'un avió. El terreny a l'est de Douaumont mostra clarament els camins d'accés en ziga-zaga i la posició de combat destruïda.

mateixa capacitat d'abstracció de les cambres va a l'uníson amb la capacitat destructiva de la potència de foc a distància de les armes (fig. 6 i 7). La Gran Guerra va ser la primera massivament fotografiada i al poc del seu inici va ser quan es van crear els servicis fotogràfics militars dependents dels estats majors.[6] Però abans que es regulara la possibilitat de fotografiar en el front i es codificara la censura, va haver-hi una quantiosa fotografia «assilvestrada» tant dels soldats com dels periodistes. La no menys massiva difusió impresa d'aquelles imatges va configurar per sempre, entre les poblacions de la rereguarda i del món sencer, el record, i imatge global, de la contesa.

El resultat de semblant potència tècnica destructiva va ser l'ampliació de la zona de guerra, una capacitat creixent de dominar i destruir els requisits vitals de l'enemic. Del combat amb gasos fins al foc artiller d'extermini, passant pels incipients bombardejos aeris (irrellevants en la primera guerra comparats amb els de l'artilleria pesada), s'inaugura una tendència que no va fer més que accentuar-se

6. La Secció Fotogràfica de l'exèrcit francés, per exemple, naix a partir de la iniciativa privada del professor d'història P. Marcel i es funda a l'abril de 1915 pel ministre de la Guerra; junt amb la posterior secció cinematogràfica es va convertir en la Secció fotogràfica i cinematogràfica de l'Exèrcit (SCPA). Posteriorment Alemanya va prendre una decisió semblant. Cf. Gervereau, *Les images qui mentent. Histoire du visuel au xx siècle*, Seuil, París, 2000, pp. 117-118.

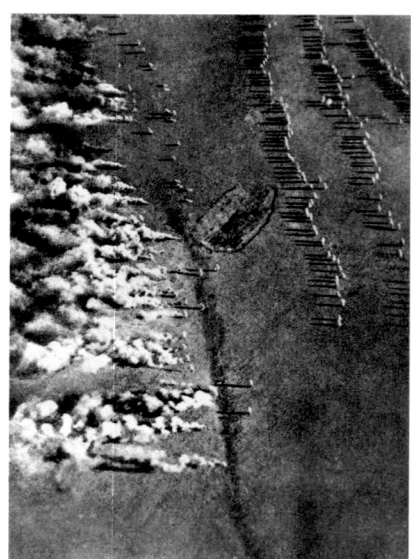

Fig. 7. Un atac amb gas al front rus oriental. Fotografia des d'un avió rus.

7. Messageries de Jounaux, Hachette & Cie, París. S'imprimia en la impremta de *L'illustrated London News & Sketch Ltd*. De difusió estable i nombrosa a Espanya, l'agència espanyola era la Sociedad General Española de Librería, situada al carrer Ferraz de Madrid.

posteriorment fins al paroxisme dels nostres dies: l'anul·lació de la distinció civil/militar o combatent/no combatent. O si es prefereix, la dissolució del camp de batalla en el sencer entorn de vida. En la primera guerra mundial es van arrasar per complet moltes poblacions, algunes de les quals mai no van tornar a ser reconstruïdes. Semblant destrucció, desconeguda fins llavors per la seua magnitud, es va difondre àmpliament per les rereguardes dels països bel·ligerants, també pels neutrals, en publicacions de caràcter periodístic o propagandístic amb altes dosis de militància patrioticonacionalista. Traduïdes i distribuïdes a Espanya, ja d'origen francés o anglés, insistien en la destrucció (alemanya) de les ciutats i del patrimoni historicoartístic, presentat com a patrimoni no ja nacional, sinó de la humanitat. La guerra no sols arrasava camps, boscos i poblacions, també tallava d'arrel les encarnacions monumentals de la història nacional, tot vincle amb la tradició. Siguen els exemples de *Siguiendo las huellas del ejército alemán*, publicació il·lustrada amb 50 fotografies i publicada en espanyol per *The Daily Chronicle* en 1915; o *La Guerre Ilustré*,[7] revista mensual l'exclusiu contingut de la qual era nombrosíssimes fotografies els peus de foto de les quals podien llegir-se en francés, portugués, espanyol i italià (fig. 8 i 9). La catedral de Rheims, la verge derrocada de la torre de l'església d'Albert, la Tour des Halles (i la Llotja sencera) d'Yprés, la Biblioteca i Universitat de Lovaina, Bruges, les places d'Arras, el seu ajuntament...i multitud d'esglésies del front de Flandes o la martiritzada Verdun hi eren imatges recurrents. Una i altra vegada difoses, es fotocomponien en tals publicacions segons la pauta de l'«abans» i «després» de la destrucció bèl·lica patida.

En la postguerra, de totes aquestes imatges massivament distribuïdes gràcies a la possibilitat de la reproducció graficoperiodística de la fotografia (que a penes tenia dècada i mitja), es va fer un ús diferent del que van tindre durant el conflicte. En la contesa, la seua finalitat era demostrar la barbàrie de l'enemic, la seua violació del dret de gents, les seues infraccions del *ius in bello*. És significatiu que tals il·lustracions acompanyaren com a proves els informes oficials de les comissions que investigaven els crims de guerra dels alemanys —és, per

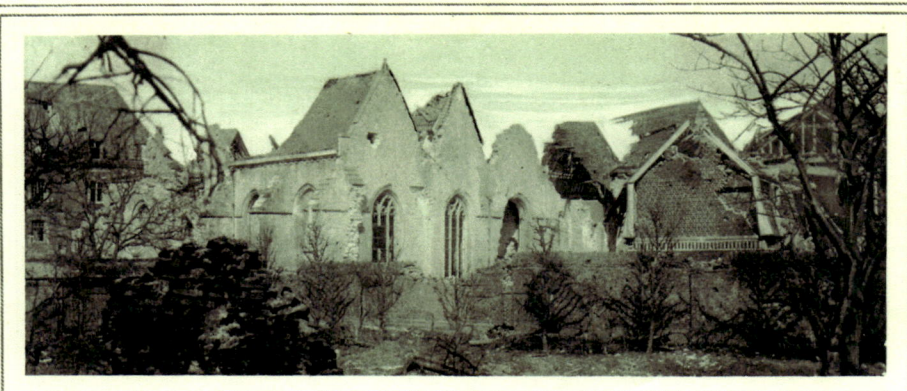

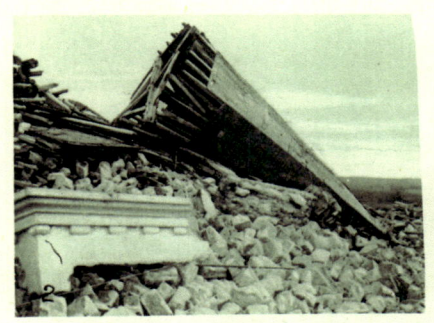

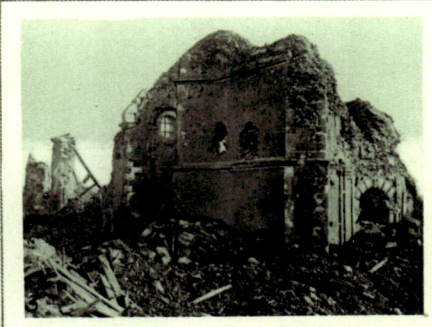

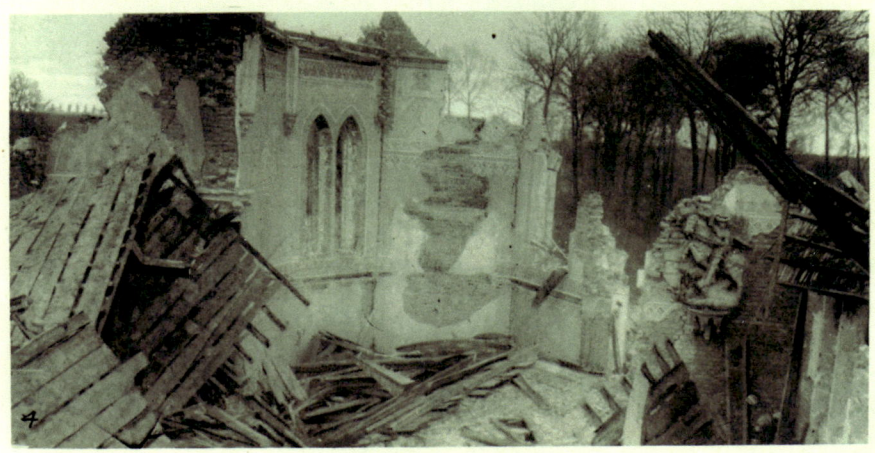

Le passage de la " Kultur " — Églises détruites par les Allemands en retraite : (1) Ruines de l'église de Bapaume ; (2) Ruines de l'église de Boisleux-au-Mont ; (3) Ruines de l'église d'Irles ; (4) Ruines de l'église de Favreuil.

Le orme della " Kultur " tedesca. — Chiese distrutte dai Tedeschi durante la loro ritirata : (1) Rovine della chiesa di Bapaume ; (2) Rovine di una chiesa a Boisleux-au-Mont ; (3) Rovine di una chiesa a Irles ; (4) Rovine della chiesa a Favreuil.

Las huellas del " Kultur " — Templos demolidos por los alemanes en retirada : (1) Ruinas de la iglesia de Bapaume ; (2) Ruinas de la iglesia de Boisleux-au-Mont ; (3) Ruinas del templo de Irles ; (4) Ruinas de la iglesia de Favreuil.

O rasto da " Kultur " — Igrejas destruidas pelos allemães na retirada : (1) Ruinas da Igreja de Bapaume ; (2) Ruinas da Igreja de Boisleux-au-Mont ; (3) Ruinas da Igreja de Irles ; (4) Ruinas da Igreja de Favreuil.

Fig. 8. Pàgina 18 del número de juny de 1917 de La Guerre Illustrée.

exemple, el cas del citat *Siguiendo las huellas del ejército alemán*.[8] Tals informes —van proliferar els que parlaven d'«atrocitats alemanyes» degudes a la crueltat de les seues tropes— tenien sens dubte un fi propagandístic tant per a la rereguarda, com per als països neutrals. Però en la postguerra, les mateixes imatges es van usar, especialment des de les publicacions pacifistes de la més variada estirp, tant per a mostrar els desastres de la guerra i la seua maldat en general, com per a fer projeccions del que seria la guerra futura. Entre aquestes cal incloure les del pacifisme afí a l'esquerra bolxevic que, fins que va canviar l'estratègia de la Tercera Internacional després del IV Congrés, cridava a convertir la guerra futura en una cadena de guerres civils revolucionàries que acabara amb el capitalisme origen i causa de tota guerra. Amb tot, l'ús d'escrits i imatges, i el règim de la seua distribució, va ser molt divers i contradictori. Va haver-hi casos de censura o reescriptura dels textos propis apareguts en el fragor de la contesa, perquè la demonització i degradació de l'enemic, a qui se li atribuïa tot tipus de crueltats, posava de manifest de manera indirecta les massacres pròpies. A més, insistir en aquest punt contravenia la mentalitat nacionalista i militarista, interessada a donar una imatge de la guerra en què els soldats eren els únics màrtirs, víctimes i herois. L'oscil·lació entre les atrocitats propagandísticament atribuïdes, les faules del front —sobre la difusió de les quals Marc Bloch va escriure el seu conegut article «Reflexions d'un historien sur les fausses nouvelles de la guerre», precisament després de la contesa en 1921— i les pràctiques de reelaboració de la memòria negacionistes, van deixar per molt de temps sense establir l'abast i la veritat de les massacres de represàlia contra la població civil o els presoners i ferits. Fins a tal punt que és un camp encara hui debatut per la historiografia sobre la Primera Guerra Mundial.[9]

Si tornem ara a l'article d'*Orto* publicat a València en 1934, «Hablan los técnicos. Lo que será la guerra futura», aqueixa destrucció massiva es refereix amb insistència al bombardeig aeri, inaugurat sí en la primera guerra, però d'efectes molt limitats comparat amb l'ús massiu de l'artilleria pesada de llarg abast (l'anomenat pels francesos La Grosse Berta, per exemple, bombardejava París des

8. De les 62 pàgines de la publicació, 40 n'estan dedicades a fotografies de gran format on es mostra una sèrie de monuments eclesiàstics i civils en estat de ruïna a causa dels bombardejos. L'índex d'aquesta publicació és significatiu i característic: «1. Ilustraciones que ponen de manifiesto la destrucción ó daño innecesario y loco de Catedrales, Iglesias, Casas ayuntamientos, y casas particulares; 2. Nota acerca de la violación de las leyes y usos de la guerra por los alemanes; 3. Terribles confesiones hechas por soldados alemanes; 4. Informe oficial del Gobierno belga sobre las atrocidades cometidas por los alemanes; 5. Informe oficial del Gobierno francés sobre las atrocidades cometidas por los alemanes».

9. Vegeu Beaupré, N., «Écrire pour dire, écrire pour taire, écrire pour tuer? La literature de guerre face aux massacres et aux violences extremes du front ouest (1914.1918)», en El Kenz, D. (Dir.), *Les massacre objet d'histoire*, Gallimard, 2005, pp. 303-318 i les interessants notes pp. 488-492.

de cent quilòmetres de distància). I cal dir que, al contrari del cas dels gasos, que no es van usar ni en la guerra civil espanyola ni en la segona guerra mundial, les projeccions que es fan en l'article citat van ser prou encertades. Perquè s'insisteix des del primer moment en què la «tecnocracia» exercirà el seu domini sobre l'exèrcit, que la primacia no serà de la infanteria, sinó de la «tropa motorizada», que els tancs i el seu desenvolupament en seran el millor exemple,[10] i que la guerra futura «se decidirá en el aire» donada la capacitat de penetració il·limitada de l'aviació. No hi hauria exèrcit terrestre, «cualquiera que fuere su potencia en cañones», que poguera evitar que se sobrevolaren les seues línies per a endinsar-se en els seus territoris suposadament defensats. Tot allò referent a l'aviació en aquest article és d'extraordinari interés perquè, al contrari del cas dels apunts sobre la motorització de les tropes, desborda el camp de batalla per a invadir la població civil i la societat sencera. Les bombes incendiàries es preveu que destruesquen les canalitzacions, les instal·lacions subterrànies de les grans ciutats i les conduccions de gas que serviran per a transmetre el foc. Per tant, es declara «ilusorio creer en la posibilidad de la defensa de una ciudad como París, Londres o Berlín en caso de un serio ataque aéreo tal como éste se realizaría en el transcurso de una guerra futura». I així, citant el professor Langevin, s'afirma que amb cent avions es destruiria una ciutat com París, amb els seus tres milions d'habitants, i que «todo esto quiere decir que, en una futura guerra, las catástrofes se producirán no en los frentes, sino detrás de ellos, en territorios que, normalmente, no habrían sido jamás zonas de guerra». Amb tot, un dels aspectes més significatius de l'article, l'interés del qual, insistesc, és el seu caràcter divulgatiu i el seu estar destinat a una àmplia gamma de lectors, és la referència implícita, sense anomenar-lo, a les teories de Giulio Douhet. Perquè aqueixa conversió d'allò urbà i d'allò civil en objectiu preferent no sols es connecta amb les característiques tàctiques de l'aviació (com a paroxisme de la destrucció artillera de la primera guerra), sinó amb el fet que la guerra haguera esdevingut guerra total. I així taxativament s'afirma: «la flota aérea —y esto será precisamente una de las características de la guerra futura— se ocupará

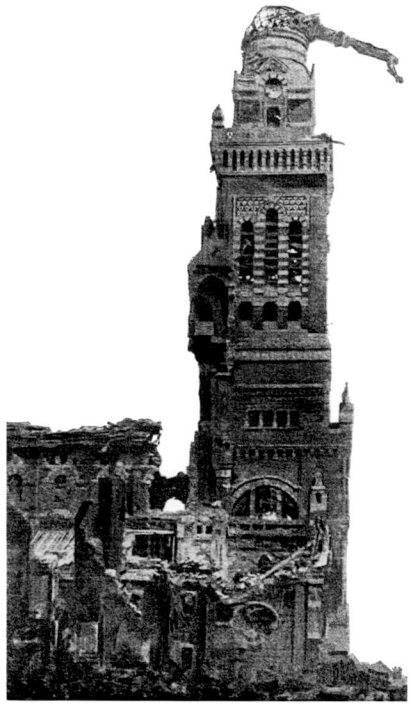

Fig 9. Verge derribada de la torre de l'església d'Albert. Pàgina 2 de *Siguiendo las huellas del ejército alemán*. Versió castellana de The Daily Chronicle, Londres, 1915.

10. Els «tancs» –així anomenats perquè les grans caixes on es transportaren desmuntats des d'Anglaterra a França duien escrits per motiu de secret i camuflatge l'ambigua paraula *tanks* (contenidors de l'iquids)– eren lents i d'escassa potència de foc, amb freqüents avaries que els aturava i convertia en blanc fàcil. Utilitzats per primera vegada pels anglesos en l'ofensiva general de setembre de 1916 en el front de Somme, a Pozières, van tindre més un poder simbòlic (la maquinització de la guerra) que efectivament tàctic.

menos del ejército enemigo que de los no combatientes, de la población civil, *sabiendo que de la actitud de ésta, de su capitulación, depende el resultado de la guerra*». Són aquestes últimes paraules en cursiva (l'èmfasi és meu) les que han de ser enteses en relació a Douhet.

En efecte, Giulio Douhet va teoritzar la guerra total connectant la seua possibilitat amb el desenvolupament dels bombardejos aeris massius sobre la població civil. La publicació en 1927 de la seua obra *Il dominio dell'aria* [*El domini de l'aire*] va canviar la guerra per sempre. Els dos principis rellevants de la concepció de Douhet eren que l'aviació és un instrument d'ofensiva de possibilitats incomparables contra el qual cap defensa no és definitivament eficaç; i que el bombardeig massiu dels centres de població permetria trencar la moral de la rereguarda. Douhet va preconitzar la destrucció dels recursos econòmics de l'enemic, oblidant-se en l'essencial dels objectius clàssicament militars, excepte de l'aviació enemiga que havia de ser destruïda en el sòl en el lapse que mediava des de la declaració de guerra fins a l'efectiva mobilització general. Però allò central de la seua teoria era el fet d'aterrir la població civil, de manera que «prompte arribaria el moment en què, per a posar fi a l'horror del patiment, els individus, espentats per l'instint de conservació, se sublevarien per a exigir la fi de la guerra».[11] Se sublevarien contra el propi govern, cal entendre. Per això va proposar l'ús massiu de bombes incendiàries i asfixiants contra ciutats i nuclis fabrils i industrials. Les resistències que va haver de véncer Douhet són un símptoma del pas d'una concepció apuntada en la Primera Guerra Mundial al seu compliment per tots els contendents en la segona: les seues teories li van costar un consell de guerra i un any de presó en 1916, però en 1920 la sentència va ser revocada i en 1921 va ser promogut al grau de general.

En totes aquestes imatges de la guerra previsible va haver-hi molt d'aproximat i molt de no complit en el detall, però també d'encertat quant als trets més generals. L'obsessió pels gasos no es va veure corresposta pel seu ús efectiu. Que no s'arribaren a utilitzar en la segona guerra o en la guerra civil espanyola, no va tindre a veure amb l'humanitarisme o amb el respecte dels tractats inter-

11. Douhet, G., *Il dominio dell'aria*, Istituto Nazionale Fascista di Cultura, Roma, 1927.

nacionals, sinó amb l'increment del moviment i la importància de la velocitat. Els gasos van ser propis d'una guerra estàtica, de fronts quasi fixos, de tropes agotnades durant llargs períodes en línies de trinxeres que van tindre desplaçaments espacials de molt pocs quilòmetres al llarg de quatre anys. En la guerra civil espanyola, a més, l'àmplia existència d'amics entre els enemics del ban contrari feia impossible el seu ús (a risc de perdre el favor dels amics situats en l'espai de l'adversari). A pesar que s'utilitzaren els bombardejos zonals o *area bombing* preconitzats per Douhet, tampoc es va complir un dels seus objectius fonamentals, trencar la moral de les rereguardes (ni tan sols les dues bombes atòmiques van produir l'amotinament de la població al Japó, sinó l'afany de revenja).[12] També va ser inexacte que no haguera protecció possible contra la penetració dels bombarders. El desenvolupament del radar, l'artilleria antiaèria i els caces van suposar una defensa relativament eficaç mentre hi haguera un equilibri de forces si es disposava d'esquadrilles i, sobretot, de tripulacions suficients. En tot cas, el domini de l'aire sí es va revelar decisiu. Quant al paper de la infanteria, per més que fóra essencial la seua motorització i el desenvolupament de la velocitat, al mateix temps que la potència de foc dels carros de combat, tampoc es va complir la seua irrellevància, perquè el territori havia de ser conquistat i retingut. D'altra banda, és notable l'absència en aquestes representacions d'un factor totalment nou que també va nugar en la guerra del catorze una tendència bèl·lica, estratègica i política d'enorme importància: la guerra submarina contra les flotes anglesa i americana, que va obrir una nova dimensió de combat, no sols la superfície dels mars sinó la profunditat marítima. Per no parlar de la importància que, en ple desenvolupament tècnic de la guerra, va cobrar la guerra de caràcter partisà, capaç de posar en escac grans exèrcits convencionals (va ser el cas de Iugoslàvia, Grècia, Xina i la Conxinxina francesa, per citar exemples capdavanters).

Però fóra com fóra, no és menys cert que els trets de la guerra futura que van embargar la imaginació popular, en gran part deguts tant a la projecció a partir d'allò vist i llegit sobre la guerra del catorze com a la divulgació dels estudis dels

12. Vegeu Hachiya, M., *Diario de Hiroshima de un médico japonés*, Turner, Madrid, 2005, pp. 96-7.

especialistes que partien de la mateixa experiència, van configurar una imatge de la guerra com a massacre en massa i extermini de tots a resultes de l'aplicació de la tècnica moderna, i de la producció industrial, a l'enfrontament bèl·lic. A Espanya, a més, part de la imaginació col·lectiva provenia d'una guerra de tota una altra estirp i caràcter, la guerra colonial al Marroc. Deixaré per a més tard aquest aspecte.

DE LA GUERRA COM A EBRIETAT AL PESSIMISME DESPRÉS DE LA GUERRA TOTAL

La guerra del catorze en el seu començament, especialment fins al primer Nadal, va produir un moviment d'eufòria, entusiasta, un temps d'exaltació i percepció intensa de la vida. Se la va considerar un gran joc entre nacions, excitant i divertida ocasió d'emocions intenses antídot de tota decadència i avorriment burgés. Aqueix estat d'ànim va ser general i multitud d'escrits o llibres de memòria en donen compte. La llista seria inacabable i comprendria els autors de les més dispars ideologies, idiosincràsies i caràcters personals.[13] Tan exaltat va ser l'ànim, tant l'entusiasme de matar o ser matat, que el fet va ser suficient perquè algú com Freud acabara reformulant la seua teoria de les pulsions, que en definitiva ho és de la naturalesa humana, i postulara la de mort com una de les dos pulsions matricials del psiquisme. Però servesca com a exemple el testimoni d'un escriptor tan moderat i cosmopolita com E. Zweig:

> «...he de confesar que en aquella primera salida a la calle de las masas había algo grandioso, arrebatador, incluso cautivador, a lo que era difícil sustraerse. Y, a pesar del odio y la aversión a la guerra, no quisiera verme privado del recuerdo de aquellos primeros días durante el resto de mi vida; miles, cientos de miles de hombres sentían como nunca lo que más les hubiera valido sentir en tiempos de paz: que formaban un todo ... sentían ... que todos estaban llamados a arrojar su insignificante "yo" dentro de aquella masa ardiente para purificarse de todo egoismo. Por unos momentos todas las diferencias de posición, lengua, raza y religión se vieron anegadas por el torrencial sentimiento de fraternidad».[14]

13. Vegeu les memòries de Sebastian Haffner, del filòsof Karl Löwith, d'Ernst Jünger, etcètera.

14. Zweig, S., *El mundo de ayer. Memorias de un europeo*, El Acantilado, Barcelona, 2001, p. 286.

Zweig conta com els seus amics poetes i escriptors, inclosos els socialistes —Thomas Mann, Hauptmann, Dehemel, Hofmannstahl, Wassermann...— «se creían obligados ... a enardecer a los guerreros con canciones e himnos rúnicos para que entregaran sus vidas con entusiasmo... Llovían en abundancia los poemas que rimaban *krieg* (guerra) con *sieg* (victoria) y *not* (penuria) con *tod* (muerte)».[15] A l'altre costat del front podríem trobar el mateix fervor, les mateixes descripcions. Aqueix entusiasme es va estendre inclús als moviments artístics d'avantguarda. Per descomptat els Futuristes, que van veure en la guerra un fenomen purificador de la decadència passadista; molt al principi els Surrealistes, o els Vorticistes, també es van apuntar a l'embriaguesa general. Els manifestos nacional-patriòtics —per exemple el titulat *Les Allemands destructeurs de Cathédrales et de Trésors du Passé* de 1915—[16] van ser firmats per autors que hui ens sorprenen: Debussy, Signac, Odilon Redon, Matisse, Monet, Rodin, Gide... Però el desenvolupament d'aquella guerra va agranar tot optimisme. És més, va instal·lar un profund pessimisme i va deixar darrere de si un solc de premonició de catàstrofe definitiva que patirien especialment les poblacions civils. A partir de la dècada dels vint, i especialment a partir de l'ascens del nacionalsocialisme i de l'amenaça general del feixisme, quan es va començar a considerar el lapse temporal transcorregut des de la primera mundial com una nova Guerra dels Trenta Anys o guerra civil europea,[17] aqueixa visió apocalíptica es va viure pels sectors oposats més extrems de l'espectre polític com a enfrontament final entre dues concepcions del món on tots estaven *malgré soi* implicats. Però tant en la dècada dels vint com en la dels trenta, la guerra futura ja no tindria res a veure amb el concepte cultual o cavalleresc de contesa que encara pervivia a l'inici de la Primera Guerra Mundial. És significatiu que dos autors que cultivaven dos gèneres tan dispars com la filosofia o la memòria biogràfica coincidiren en els termes utilitzats per a concebre la guerra venidora. Em referesc a Walter Benjamin i Sebastian Haffner.

Aquest últim, donant compte d'un estat d'ànim general, del qual s'havia sentit partícip, relata en les seues memòries com la joventut alemanya dels anys 1924,

15. Ibidem, p. 294.

16. Vegeu Sánchez Durá, N., «Los asesinos de lo Bello. De un uso de la imagen iconoclasta en la época de la técnica», en G. Romero, P. (edit.), *En el Ojo de la Batalla*, Universitat de València, 2002.

17. Cf. Traverso, E., *À Feu et À Sang. De la guerre civile européenne 1914-1945*, Stok, París, 2007.

1925 i 1926 es va obsessionar per l'esport. De tal manera que una notícia com que Houben havia corregut els cent metres en 10'6 segons «despertaba exactamente las mismas sensaciones» que en temps havia produït un titular com *Capturats vint mil russos*: «la información deportiva desempeñaba el papel que diez años atrás habían presentado los partes de guerra, y lo que entonces habían sido las cifras de prisioneros y la cuantía del botín eran ahora los récords y las marcas».[18] També al llenguatge esportiu recorre Walter Benjamin quan dóna compte, des d'un punt de vista filosòfic, en els seus estudis crítics sobre la violència a principis dels anys trenta, del nou caràcter d'allò bèl·lic. Centrant-se una vegada més en els gasos com a indici, perquè Benjamin també va ser partícip d'aquella obsessió general, afirma que la batalla de materials «hace naufragar los miserables emblemas de heroísmo que pudieran haber sobrevivido a la Guerra Mundial. El combate con gases … promete darle a la futura guerra un cariz en el que *las categorías soldadescas se despiden definitivamente a favor de las deportivas*, ya que las acciones militares se registrarán como *records*. Y esto porque la particularidad estratégica más distintiva será la cruda y radical guerra de agresión».[19]

Rècords de destrucció humana i material, guerra total. No és del tot clar quan apareix per primera vegada —en tot cas, no abans del segle xx— l'ús d'aquest terme que no deixaria de fer fortuna com a categoria analítica. Sol referir-se al llibre publicat en 1936 *Der Totale Krieg* [La guerra tota] del general Ludendorff, que va dirigir l'exèrcit alemany des de 1915 fins al final de la guerra. Però a falta d'ulteriors precisions, potser la seua primera aparició siga en un llibre publicat en 1918 per Léon Daudet, titulat *La Guerre Totale* (La guerra total), precisament per a donar compte del tipus de guerra que practicaven els alemanys des de 1914. La guerra total, afirmava Daudet, és «l'extensió de la lluita, en les seues fases més agudes com en les seues fases cròniques, als dominis de la política, de l'econòmic, comercial, industrial, intel·lectual, jurídic i financer. No són només els exèrcits els que es baten, són també les tradicions, les institucions, els costums, els codis, els esperits i sobretot els bancs».[20] Aqueixa era la guerra que duia a terme Alemanya i la que hauria de dur a terme França. Però més enllà de les anàlisis de

18. Haffner, S., *Historia de un alemán. Memorias 1914-1933*, Destino, Barcelona, p. 80.

19. Benjamin, W., *Para una crítica de la violencia y otros ensayos. Iluminaciones IV*, Taurus, Madrid, 1999, p. 48. Els èmfasis són meus.

20. Guiomar, J-Y., *L'invention de la guerre totale*, Éditions du Felin, París, 2004, pp. 12-13.

conjuntura el terme va quedar lligat a aqueixa expansió, a aqueixa mobilització total de les societats pel bèl·lic i per al bèl·lic. Una guerra on es concentra el poder civil i militar, en la qual l'economia es confon amb l'esforç militar i es militaritza, on tot esforç de treball és un esforç de guerra. Una guerra on no cap el compromís, en la qual en poc de temps es difuminen els objectius i els que l'han començat són incapaços d'acabar-la, una guerra, doncs, desregulada, que tendeix a l'aniquilació del contrari mentre es manté una intensa mobilització propagandística de la rereguarda. Guerra total, i així és com es va pensar la guerra de l'esdevenidor, no és només un terme militar, sinó un terme de forta component política. De tal manera es va percebre quan la guerra del catorze va acabar en el front de l'est amb la revolució bolxevic, i en l'oest amb la revolució alemanya de novembre de 1918.

«FRATELLI, COLTELLI». GUERRA TOTAL I GUERRA CIVIL

A la guerra total, doncs, sembla que haja de correspondre-li una imatge de la guerra com a procés extraordinàriament destructor i violent, sí, però un procés fred, mecànic, impersonal, es por dir que exempt de passions i d'odi. De fet, en les narracions i llibres de memòries després de la guerra del catorze abunden les metàfores que al·ludeixen a camps electromagnètics, a processos de producció industrial, etcètera. És el cas del paràgraf que tanca el conegut llibre de Jünger *El combat com a experiència interior*, el primer que va escriure després de la contesa:

> «El combat de màquines és tan colossal que l'home està ben a prop d'esborrar-se davant d'ell. Sovint, agafat en els camps magnètics de la batalla moderna, m'ha semblat estrany i a penes creïble que estiguera assistint a esdeveniments de la Història humana. El combat revestia la forma d'un mecanisme gegantí i sense vida, recobrint l'extensió amb una onada de destrucció impersonal i gelada. Era com el paisatge de cràters d'un astre mort, sense vida, un guèiser de lava abrasadora … El combat sempre ha existit, les guerres també, però aquesta desfilada d'ara, sempiterna i tenebrosa, és la forma més terrorífica que l'Esperit que mou el món ha imprés mai a la vida. I és aquesta grisa monotonia de les masses que roden i espenten cap avant per a acumular-se

darrere dels dics del front com a reserva d'energies terrorífiques, és, dic, açò el que justament suscita la impressió d'una potència pura la idea de la qual es transmet com un corrent elèctric a l'espectador aïllat».[21]

És aquesta una descripció en termes de la Física, de la Dinàmica i de l'Electromagnetisme. Però també en termes tayloristes de producció industrial. Com afirma Traverso, «al obrero-masa de la fábrica fordista le correspondía el soldado-masa del ejército moderno».[22] Però tal afirmació no és només una afirmació analítica des del nostre present, sinó una percepció comuna de llavors, com hem vist en el text de Jünger de 1922. En l'altre costat del front, Enri Barbusse, veterà i autor de la coneguda novel·la *Le Feu. Journal d'une escouade*, definia els soldats de la guerra del catorze com «els obrers de la destrucció».[23]

Ara bé, que la guerra es pensara i descriguera com un procés tècnic impersonal de destrucció no ha d'ocultar les massacres perpetrades pels combatents entre si i contra els civils, la seua generalització contrària als usos i costums de la guerra o a les normes aprovades poc abans de la contesa a la Haia. En les fases de moviment, en els colps de mà, en les ofensives, en la «neteja» de trinxeres després dels assalts on els *nettoyeurs* —revòlver i ganivet en mà— remataven els enemics ferits a fi d'evitar tirs i granades sorpresa…; en fi, en la matança en massa de presoners i de civils o els juís sumaríssims sota capa d'espionatge o de ser franctirador, la guerra del catorze va demostrar una crueltat extrema no ja deguda a la seua tecnificació, sinó a l'acarnissament dels contendents.

Però la guerra va ser també un enfrontament —ho afirmava Léon Daudet en la seua definició— de tradicions, institucions, costums i codis. Un enfrontament que va tindre uns discursos legitimadors que condensaven, al mateix temps que aceraven, la seua radicalitat. I, en aquest punt, va jugar un paper preponderant l'oposició *Kultur/Civilisation* (Cultura/Civilització).

Norbert Elias va analitzar, en el seu conegut estudi *Sobre el procés de Civilització*, com segons fóra el vincle amb la tradició il·lustrada o romàntica variava la semàntica dels conceptes de cultura i civilització. Per a la tradició il·lustrada francesa, que anava més enllà de França, la civilització era la fi d'un

21. Jünger, E., *La guerre comme expérience intérieure*, Christiane Bourgeois éditeur, 1997, p. 162.

22. Traverso, E., *Violencia nazi. Una genealogía europea*. Especialment el capítol «Destruir: la guerra total», FCE, Argentina, 2003, p. 91.

23. L'obra de Barbusse, amb més de cinc edicions, tingué una àmplia difusió a Espanya. Es va traduir, amb el títol *El Fuego. Diario de un pelotón*, per Antonio Bermejo de la Rica i va ser publicada per Rafael Caro Reggio Editor, Madrid.

procés progressiu, l'estadi superior i últim d'un progrés evolutiu i unilineal de la cultura, la sofisticació màxima d'aquesta. Per tant, els conceptes de civilització i cultura no eren oposats. Però sí ho eren a Alemanya, perquè la cultura, cada cultura, es concebia com un tot orgànic estructurat i irrepetible on les parts, segons una jerarquia establida per la tradició, conspiren a favor de la bondat del tot. Civilització i cultura (*Kultur*) s'oposaven perquè la civilització, en tant que procés unilineal, anul·lava les particularitats. La civilització era essencialment mestissa, la cultura autèntica. De fet, la defensa de la civilització era considerada a Alemanya el subterfugi propagandístic per a fer passar per universal el que no era més que la particularitat cultural francesa. En llegir textos de qualsevol tipus de l'època és notable la freqüència amb què uns diuen lluitar per la civilització i el progrés enfront del despotisme bàrbar dels alemanys («els huns»),[24] mentre que aquests diuen lluitar per la supervivència de la seua cultura enfront del procés subjugador dels qui, de forma encoberta, pretenen establir la seua hegemonia cultural. Prova d'això, s'argumentava, era la seua aliança amb la Rússia tsarista, exemple de retard i tirania. De manera que també aquest nivell de les representacions, de la justificació ideològica de l'enfrontament, va tindre un efecte concomitant que va reduplicar la seua forma exterminadora i cruel; a saber, la transformació del concepte d'enemic. Perquè l'enemic ja no es concep com un adversari que s'oposa a uns interessos nacionals determinats en un moment determinat, sinó que es constitueix en enemic de la humanitat sencera, per tant en menys que humà, i per tant en quelcom susceptible de ser eliminat per tots els mitjans. La qual cosa, veurem, té a veure amb la conceptuació del període d'entreguerres com a guerra civil europea.

Que la guerra acabara amb dues revolucions, una triomfant a Rússia i l'altra derrotada a Alemanya, va introduir un factor nou en la imaginació de la guerra futura. L'enfrontament d'imperis i nacions es va solapar amb un enfrontament transversal, intern a cada un dels subjectes que havien sigut els protagonistes de l'anterior. Revolucions populars, i reaccions liderades per exèrcits que acaben amb elles de forma brutal, se succeeixen: la vaga general de Viena, a

24. Cal recordar ara el peu de foto de la fig. 8: «les empremtes de la "Kultur"_ Temples enderrocats pels alemanys en la seua retirada». Sobre l'ús d'aqueixa oposició conceptual en la guerra del catorze, vegeu Goberna Falque, J. R., «La querella de la *Kultur* y la *civilisation* durante la I Guerra Mundial», pp. 87-101, de la seua *Cultura, culturae*, Pictografía Ediciones, 2005.

25. Vegeu Bianchi, R., «Les mouvements contre la vie chère en Europe au lendemain de la Grand Guerre», en AADD, *Le XX siècle des guerres*, *op. cit.*, pp. 237 i ss.

26. És la posició de l'anarquista Sebastián Faure en els articles escrits expressament per als números 17 i 19 de la revista *Orto* l'octubre i el desembre de 1933: «... no existe diferencia entre la guerra llamada "defensiva" y la guerra llamada "ofensiva". Guerra de la Civilización contra la Barbarie, del Derecho contra la Inquinidad, de la Democracia contra el Fascismo, de la Libertad contra la Dictadura; todas estas antítesis que no se apoyan, en el fondo, más que en artificios... en mentiras y en apariencias, no podrían atenuar nuestra irreductible oposición a la guerra» («Contra la guerra sin reserva alguna», en *op. cit.*, p. 1.111). En el segon article, «Nuestros enemigos "Municioneros" y gobernantes», continuació de l'anterior, afirma, com a preàmbul a la seua política de desarmament: «La causa de todas las guerras, en la época actual, es el principio de autoridad, es decir, el principio del hecho del dominio y explotación que padecen las masas populares. El principio de autoridad, del que el *Estado* es la expresión política, es *la dominación del hombre sobre el hombre*, y el principio de autoridad, del cual el *Capitalismo* es la manifestación económica, es la *explotación del hombre por el hombre*», en *op. cit.*, p. 1.274.

27. La biografia de Santiago Montero Díaz és significativa. En proclamar-se la República era membre del Partit Comunista. Sota aqueix punt de vista polemitza amb Ramiro Ledesma Ramos i la seua *La conquista del Estado*. El 1932 publica a València un Quadern de Cultura de nom *El Fascismo*, encara des de l'òptica de la III Internacional. Però el 1933, després d'una beca que el du a Alemanya, firma un article en el número de desembre de la revista *JONS*. Tanmateix, el 1934, després de la fusió de febrer de Las JONS amb Falange Española, dimiteix de tots els seus càrrecs i abandona

Hongria (on l'exèrcit romanés acaba amb la república soviètica de Béla Kun i instaura la dictadura del mariscal Horthy), Finlàndia, els països bàltics, on els *Frei Korps* —que tanta rellevància tindrien amb posterioritat en la farga del nacionalsocialisme— s'empren a fons fins a 1920, a Ucraïna... D'altra banda, la guerra civil induïda i recolzada per les grans potències enfront de la jove república dels soviets desmentia la proclamada voluntat pacifista d'aquelles. Per a l'esquerra de filiació marxista no hi hauria pau possible mentre subsistira la competència capitalista internacional i els seus vaivens en la lluita per l'hegemonia política i econòmica; la guerra havia demostrat ser un gran negoci. Per cert, que les mobilitzacions de descontentament popular no es van limitar als moviments amb forma revolucionària. L'Europa de la postguerra, tant en els països vencedors com en els derrotats, inclosos alguns dels que van romandre neutrals, com Espanya, van viure en la dècada dels vint no sols grans mobilitzacions estrictament sindicals sinó nombrosos *Food Riots*, *tummulti annonari* o motins contra la carestia de la vida. Contra la pujada dels preus dels productes alimentaris, contra especuladors, acaparadors i els grans comerciants, revestint formes pròpies del XIX, com assalts a mercats, resignificades a partir de l'exemple bolxevic, suposaven vastos i heterogenis moviments socials de reivindicació de preus «justos», d'una economia «moral».[25]

Capitalisme era sinònim de carestia, en el límit de fam, de guerra ajornada, intermitent o larvada, però sempiterna; tant per als partidaris de la pau a través d'un autèntic desarmament,[26] com per als crítics dels somnis pacifistes idealistes, defensors d'un tipus de guerra que matara tota guerra futura, una guerra civil que acabara transformant els estats rivals en una fraternitat internacional universal.

A aquest respecte és revelador l'article de Santiago Montero Díaz, «Estudio social sobre la novela alemana de guerra», publicat en tres entregues per la revista *Orto* en els seus números 14, 15 i 16 de 1933.[27] L'interés de Montero Díaz és distingir la verdadera literatura de guerra, l'escrita durant la contesa, de la escrita després del conflicte armat, que és d'«un pacifismo obligado, lo que pudiéramos decir, con terminología católica, pacifismo de atrición».[28] Respecte de la primera distingeix entre "el bloque de novela imperialista" i la literatura pacifista:

> «Pero había entonces, como después, muchos géneros de pacifismo. El pacifismo de los derrotistas, el pacifismo de los que no han podido vencer. Y el de los sentimentales insustanciales. Y el de los advenedizos, los agregados a la paz. Y el de los que sentían la tragedia popular, de hombres que iban a batirse per causas que no les interesaban, por empresas cuyos intereses estaban contrapuestos a los intereses mismos del proletariado. Éste era el verdadero pacifismo. El más vitalizado: el único».[29]

En aquest bloc de verdadera literatura de guerra rescata *Der Mensh ist gut* de L. Frank, *Els pobres, requisitòria contra els rics en la guerra* i *Der Untertan* de Heinrich Mann (per cert, que al seu germà Thomas l'inclou entre els nacionalistes imperialistes) i *Menschen im Krieg* d'Andreas Latzko. No obstant això, acusa les autores Von Kahlemberg i Clara Viebig de pacifisme «sentimental, convencional, femenino» i M. Harden (director de la famosa revista *Die Zukunft*), o el diari de guerra del poeta Dehemel, d'oportunistes. Ambdós parteixen d'una posició burgesa per a concloure en una altra posició burgesa de distint caire. Quant a la novel·la de postguerra, inclús la famosa obra de Remarque, *Sin novedad en el frente* (en la seua traducció espanyola), li pareix valuosa com a al·legat vivent de la vida de les trinxeres —«que inquietó profundamente a los países que no intervinieron en la guerra»—, però deficient com a «consigna de paz», perquè darrere de la seua retòrica pacifista s'amaga un nacionalista alemany (el mateix ocorre en el cas de Johansenn i la seua novel·la *Quatre d'Infanteria. Els seus últims dies en el front occidental en 1918*): «Y es que el pacifismo de Remarque no nace de un expreso sentimiento proletario. De una solidaridad común de trabajadores contra el capital. No nace de una solidaridad internacional de trabajadores contra clases dominantes. Nace de un momento pesimista, como consecuencia del desastre. Nace del horror a la guerra, no del análisis clasista de la guerra. Es —decíamos— un pacifismo de atrición». Montero Díaz rescata obras como la de

l'organització al març. Els motius que ofereix en la seua carta a Ledesma és que la Falange és dretana i que només les primitives JONS «plantean la lucha contra el marxismo en el plano de la rivalidad revolucionaria». Durant la guerra civil donà suport als sublevats. El 1965 va ser un dels professors que encapçalà la famosa manifestació universitària de Madrid que acabà amb la seua expulsió de la universitat junt amb els professors Tierno Galván, García Calvo, Aranguren i Aguilar Navarro. L'article d'*Orto* degué ser escrit un temps abans de la seua publicació o just abans del seu viratge polític.

28. *Orto*, art. cit. en *op. cit.*, Vol. II, p. 940.

29. Ibidem, p. 944.

Glaeser, *Los que teníamos doce años* (títol de la traducció espanyola), o *El sergent Grisha* d'Arnold Zweig, justament per complir el que incompleix Remarque. I botant-se l'àmbit del seu estudi, Alemanya, acaba amb una apologia de Barbusse i la seua novel·la *El Foc*. Per a defensar-la acudeix a una citació de Radek on afirma que el sentit antinacional i proletari del francés es demostra en la seua admiració per Liebneck. No és una actitud «sentimental» o «derrotista» el que impedirà les noves guerres:

> «Poco importa que las muchedumbres obreras lean y contemplen en la pantalla *Sin novedad en el frente* o *Cuatro de Infantería*. Hay que ir más lejos: hay que llevar a las masas trabajadoras una conciencia bien definida de clase, que impida una nueva traición al proletariado como la de la socialdemocracia en 1914. Esa conciencia de clase anti-guerrera no se conseguirá difundiendo entre los trabajadores actitudes anti-heroicas frente a la vida, cuando las necesita más heroicas y más templadas que nunca para la conquista del Poder y la organización del Estado campesino y obrero».[30]

L'autor conclou el seu article proposant una comparació entre un soldat alemany en els anys de la guerra del catorze i un soldat de l'Exèrcit Roig. El primer, «arrancado de la esclavitud de la fábrica para la esclavitud del frente», lluita per una bandera que no és la seua. El seu combat, pels interessos dels que viuen a costa dels seus, és un «suicidio de su propia clase … hasta los jefes socialdemócratas han colaborado en la mentira». Quant al soldat rus:

> «Este camarada sabe bien que defiende la revolución, la edificación del socialismo, la Internacional de los trabajadores: lo sabe y combatirá con toda su energía. Su canto dice: "desde el mar siberiano al Báltico no hay ejército más temible". Y es que tampoco lo hay más consciente. Combatirá, con amor, por aquello a quien defiende. Con odio, por aquello que ataca … [hay] que forjar una conciencia revolucionaria en el proletariado contra las causas imperialistas de la guerra … Pronto, porque debemos estar preparados para transformar la guerra *patriota* en guerra civil contra la burguesía … terminemos con un deseo: que el ejército rojo, realidad en Rusia, sea también, en plazo breve, realidad proletaria en otras partes.»[31]

30. Ibidem, p. 1.068.
31. *Cit ad Loc.*

Aquesta anàlisi publicada en *Orto* de la novel·la de guerra i postguerra mostra indirectament com el conflicte de 1914-18 va contribuir de manera decisiva a configurar, en general, l'imaginari de la guerra futura al nostre país. De fet en l'entradeta es diu que «sobre España *cayó también esta marea* de nueva literatura» (és significatiu que la traducció espanyola de la novel·la de Johannsen, *Cuatro de Infantería. Sus últimos días en el frente occidental en 1918* es publicara (1929) en una col·lecció especial anomenada «La Novela de Guerra» de l'Editorial Cenit) (fig. 10). La traducció d'aqueixos textos —com la de les revistes fotogràficament il·lustrades abans al·ludides— va ser immediata i de gran difusió popular a través de cases editorials ben conegudes i distribuïdes. Però l'article també mostra, en particular, el lliscament que va anar produint-se. De la condemna de les misèries i horrors de la guerra, de la crítica al militarisme i a l'heroisme, a la defensa d'un altre heroisme —de classe— i d'un altre tipus d'exèrcit, que havia de ser forjat en, i ser el resultat de, un altre tipus de guerra: la guerra civil domèstica en ocasió d'una nova guerra imperialista, o la guerra civil revolucionària que acabara amb les diverses burgesies nacionals i la seua connatural tendència bèl·lica.

La ferocitat de l'enfrontament futur es pensava també en termes de guerra civil en l'altre extrem de l'espectre polític que amalgamava dreta nacionalista antidemocràtica, militarisme, feixisme (i a Espanya, nacional catolicisme). Prenguem l'exemple de Carl Schmitt, quan intenta donar compte en el seu assaig, *Ex captiviate salus* (1949)*, de la seua col·laboració amb el règim nazi i del període del seu ascens. La guerra civil és especialment atroç perquè es dóna en una unitat política comuna que inclou l'enemic en l'interior del mateix ordre jurídic. Cada part suprimeix el dret de l'adversari, en nom del dret designa un enemic de l'Estat, del poble o de la humanitat a fi de privar-lo de tots els drets en nom del dret. La guerra civil no pot sinó ser justa, inclús esdevé l'arquetip de la guerra justa pel fet que s'autoproclama tal, tan imbuïda està cada part de si mateixa. Una part fa valdre el dret legal, l'altra el dret natural. El primer concedeix un dret a la submissió, el segon un dret a l'oposició; «l'hostilitat esdevé tan absoluta que inclús l'antiga dis-

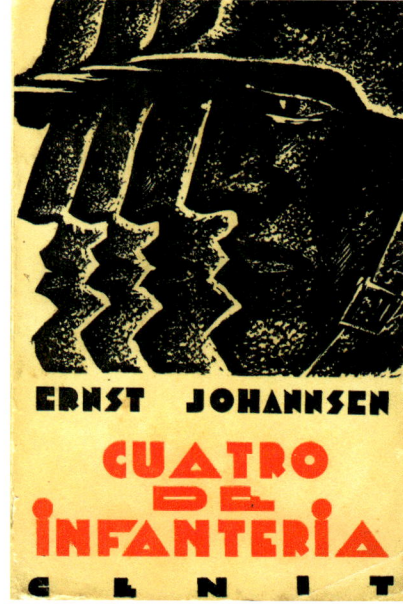

Fig. 10. Portada de *Cuatro de infantería* novel·la d´Ernst Johannsen publicada en la col·lecció especial *Novela de Guerra* de l´Editorial Cenit publicada a Madrid en 1929.

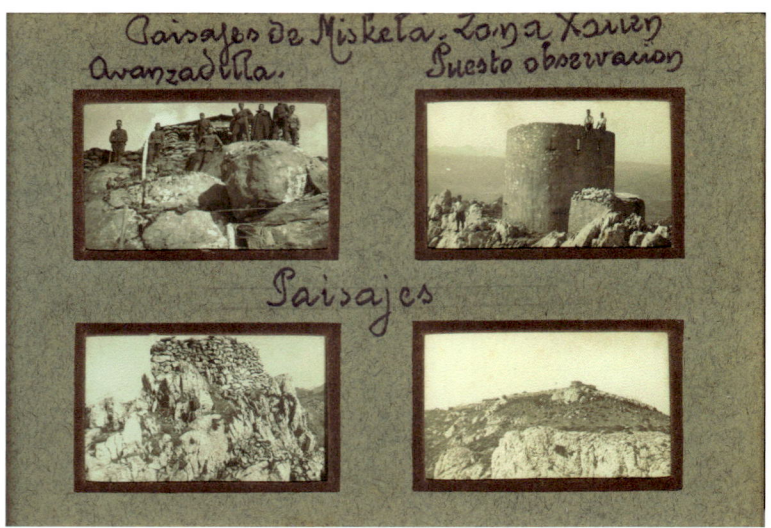

Fig. 11. Fotos pertanyents a l´àlbum privat d´un veterà en la coberta del qual es llegeix: *Recuerdo de Marruecos*, 1921-1925.

tinció sagrada entre enemic i criminal es dissol en el paroxisme de l'autojustificació. Dubtar del propi dret es té per una traïció; interessar-se per l'argumentació de l'adversari es converteix en dissimulació; i tota temptativa de discutir es converteix en una forma d'enteniment amb l'enemic». Com comenta Enzo Traverso, no és que els extrems es toquen, però el cas és que la seua oposició parteix de la mateixa constatació, l'afonament definitiu de l'antic ordre d'Europa a partir de la I Guerra Mundial i la necessitat de trobar una solució radical a la seua crisi. En aquella conjuntura comunisme i feixisme es presentaven com els únics capaços d'aportar una solució.[32]

Ara bé, és cert que l'experiència de guerra més pròxima a Espanya havien sigut les guerres colonials. Deixant a banda les guerres de Cuba i Filipines en el període 1895-1898 i la hispanoamericana de 1898, les guerres del Marroc entre 1909 i 1927 van mobilitzar centenars de milers d'hòmens i van tindre una rellevància constant en l'actualitat política, des de la Setmana Tràgica de Barcelona fins

32. Vegeu Traverso, E., *À Feu et À Sang, op. cit.*, p. 282. El resum i la citació de Schmitt són de les pp. 93-95. Vegeu també els paral·lels i les simetries que estableix entre Trotski i Jünger o Gramsci i Schmitt, la militarització de la política en tots ells, la crítica a la socialdemocràcia d'uns i del liberalisme dels altres, la concepció de la revolució com a enfrontament militar en Trotski i Gramsci, o l'adveniment i les virtuts d'un Estat total que reemplaçara el liberalisme obsolet per part de l'altre parell, pp. 270 i ss.

al colp d'estat del General Primo de Rivera o la seua caiguda. Al final, quan la guerra imaginada es va transformar en matança real, va ser decisiu l'exèrcit del Marroc en l'alçament militar contra la Segona República, molts dels comandaments de la qual s'havien format en les guerres d'Àfrica, creuant per aire 23.000 dels seus hòmens l'estret de Gibraltar. La guerra, o millor, les guerres del Marroc van tindre un caràcter ambigu. Des d'aspectes nous que s'avançarien als mètodes de la Primera Guerra Mundial, com l'ús d'esquadrilles aèries de reconeixement, fotografia aèria, metrallament i bombardeig (inclús amb armes químiques, com ara sabem), fins maniobres complexes. Com l'operació aeronaval del desembarcament d'Alucemas de 1927, en la qual van participar uns 160 avions de bombardeig, inclosos hidroavions (al Marroc es va aconseguir la xifra de 500 avions distribuïts en uns quants aeròdroms).[33]

Però junt amb el caràcter de guerra moderna, la guerra del Marroc va tindre també el caràcter d'una guerra antipartisana.[34] Calia ocupar un territori en què la població en general era hostil i el seu enquadrament bèl·lic generalment irregular. Les tropes espanyoles es trobaven aïllades en blocaus i les posicions avançades en cingles de difícil accés (fig. 11), rodejades de poblacions que durant lapses de temps eren aparentment indiferents —inclús col·laboradores— per a passar a ser combatents en altres (inclús segons les hores del dia). Una guerra en què la falta d'aigua i la seua contaminació era un factor a vegades decisiu, on els pous eren tan necessaris com les fortificacions i les malalties delmaven les tropes. Llargs períodes de calma s'alternaven amb fases agudes en què inclús les policies indígenes i els regulars rifenys es passaven a l'enemic (perquè mai no van ser amics del tot), com en el desastre d'Annual. Una guerra en què, junt amb les tropes que provenen de la península, combat una legió mercenària formada per cubans, argentins, alemanys veterans de la Primera Guerra Mundial, russos blancs i regulars que cal portar d'un lloc a un altre perquè no lluiten contra la seua pròpia gent i es produïsquen desercions en massa.

No obstant això, una cosa és el que foren aquelles guerres i una altra, diferent, com es van percebre, contribuint a configurar la imaginació de la guerra

33. Cf. Riesgo, J. M., «La Guerra Aérea, 1923-1927, en Marruecos», en AADD, *La Campaña de África. Un Encuadre Aéreo*, Museu de Prehistòria i de les Cultures de València, Diputació de València, 2000.

34. Utilitze «partisà» en el sentit que li dóna C. Schmitt en el seu escrit *Teoría del partisano* (1962).

futura per part de la població espanyola. A aquest respecte s'ha assenyalat que a Espanya, fins a la Guerra Civil de 1936, és molt més difícil discernir les actituds populars enfront de la guerra colonial del que ho és en els casos de França, Gran Bretanya i Alemanya, perquè la seua articulació escrita va ser escassa. Sebastián Balfour enumera com a raó d'això els alts nivells d'analfabetisme de la tropa, la rígida censura dels oficials, la tendenciositat de la premsa i una tradició de confidencialitat familiar que fa difícil l'accés públic a les cartes i els diaris.[35]

Potser una bona manera de sintetitzar el caràcter de la guerra del Marroc, des d'un punt de vista popular, siga referir-se a la crònica que des del seu exili londinenc va escriure en 1943 el veterà Arturo Barea, *La ruta*, segon volum de la seua trilogia *La forja de un rebelde*. Permeteu-me'n una llarga i significativa citació:

> «Los libros de Historia lo llaman el desastre de Melilla o la Derrota Española de 1921; dan lo que se llama los hechos históricos ... Lo que yo conozco es parte de la historia nunca escrita, *que creó una tradición en las masas del pueblo, infinitamente más poderosa que la tradición oficial*. Los periódicos que yo leí mucho más tarde describían una columna de socorro que había embarcado en el puerto de Ceuta, llena de fervor patriótico, para liberar Melilla. Todo lo que yo conozco es que unos pocos miles de hombres exhaustos embarcaron en Ceuta ... agotados hasta el límite de su resistencia después de cien kilómetros de marcha a través de Marruecos, bajo un sol asfixiante, mal vestidos, mal equipados, peor comidos ... El barco era un infierno. Y melilla era una ciudad sitiada. Muchos años después aprendí lo que es vivir en una ciudad sitiada [se refiere al Madrid sitiado de la Guerra Civil del 36. N. S.], bajo la amenaza del enemigo que se ha prometido a sí mismo botín, vidas y carne fresca de mujer. Las gentes en las calles pasan deprisa ... los servicios públicos no existen; el teléfono no funciona, las cañerías no funcionan, no hay carbón, la luz se apaga de pronto ... los que no enfermaron en diez años se sienten graves de pronto y hay que buscar el doctor cuando caen las granadas; las calles están oscuras en la noche y el peligro escondido tras cada esquina. En la Melilla sitiada, un barco panzudo volcó estos miles de hombres mareados, borrachos, agotados de cansancio, que iban a ser sus libertadores ... Oímos cañonazos, tableteos

35. Cf. Balfour, S., «War, nationalism and the masses in Spain, 1898-1936», en Acton, E., i Saz, I., *La transición a la política de masas*, PUV, València, 2001.

de ametralladora, disparos de fusil en alguna parte de la ciudad. Invadimos los cafés y las tabernas; nos emborrachamos y asaltamos las casas de putas … Provocábamos a los habitantes asustados: «ahora vais a ver lo que son cojones.¡Mañana no queda un moro vivo!». Los moros habían desaparecido de las calles de Melilla; cuando el barco había atracado en el muelle, un legionario había cortado las orejas a uno de ellos y las autoridades habían ordenado a todos los moros no salir de sus casas … Durante los primeros días, nosotros, los ingenieros, construimos posiciones nuevas … Así nos fuimos alejando de la ciudad, adentrándonos en el campo abierto, y vimos el horror … Pero no puedo describir el olor. Penetramos en él como se entra en las aguas de un río. Nos sumergimos en él y allí no había fondo ni superficie; no había escape. Saturaba los vestidos y la piel, se filtraba a través de la nariz en la garganta y en los pulmones, nos hacía toser, vomitar. El olor disolvía nuestra sustancia humana. La empapaba instantáneamente y la convertía en una masa viscosa … Amontonamos los muertos en el patio sobre el caballo, los rociamos de petróleo y prendimos fuego a la pila … Aquel día empezamos a vomitar y seguimos vomitando días incontables. La lucha en sí era lo menos importante. Las marchas a través de los arenales de Melilla, heraldos del desierto no importaban; ni la sed y el polvo, ni el agua sucia, escasa y salobre, ni los tiros, ni nuestros propios muertos calientes y flexibles … ni los heridos que se quejaban monótonos o aullaban de dolor. Nada de eso era importante porque todo había perdido su fuerza y sus proporciones. Pero ¡los otros muertos! Aquellos muertos que íbamos encontrando, después de días bajo el sol de África que vuelve la carne fresca en vivero de gusanos en dos horas; aquellos muertos mutilados, momias cuyos vientres explotaron. Sin ojos o sin lengua, sin testículos, violados con estacas de alambrada, las manos atadas con sus propios intestinos, sin cabeza, sin brazos, sin piernas, serrados en dos … Seguimos quemando cadáveres en montones rociados de petróleo, seguimos luchando en crestas de cerro, en honduras de barranco…durmiendo en el suelo, devorados de piojos, torturados de sed. Construimos nuevos blocaos, llenando miles de sacos terreros, y levantamos en ellos parapetos. No dormíamos: nos moríamos cada día, y en el intervalo vivíamos a través de pesadillas horrendas. Y olíamos. Nos olíamos unos a otros. Olíamos a muerto, a cadáver putrefacto».[36]

36. Barea, A., *La ruta*, De bolsillo, Barcelona, 2006, pp. 121-125. L'èmfasi és meu.

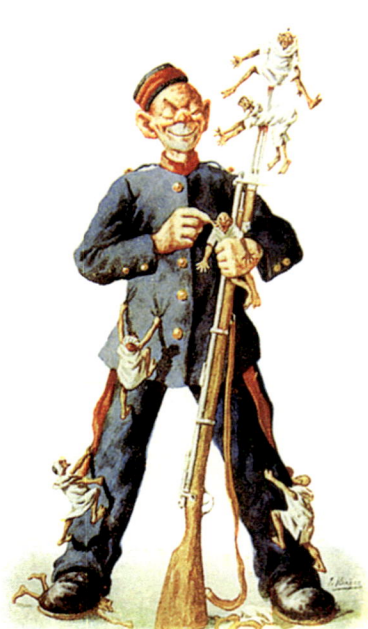

Fig. 12. J. Ibáñez, Soldat d'infanteria. Ed. Victoria, N. Coll Salieti, anys 1920.

Aquesta guerra colonial, prolongada i cruel, en un espai inhòspit per als espanyols, amb una dimensió racista evident (fig. 11 i 12), és, amb tot, d'acord amb els principis de la guerra total. Les guerres colonials a Àfrica no eren conflictes regulats pel dret internacional que enfrontaren Estats enemics i finalitzaren amb un tractat de pau. Eren guerres que acabaven amb la submissió de la població, perquè els enemics no eren ni governs ni verdaders exèrcits, sinó la població sencera. En el cas de la guerra del Marroc, com en tants altres casos de colonització, era descrita com a bàrbara, bestial, fanàtica, indolent, resistent a la civilització i, per tant, mereixedora del seu càstig.[37] Per un altre camí, perquè, la distinció combatent/no combatent quedava abolida i la ferocitat de l'enfrontament assegurada.[38] Que la guerra colonial a Àfrica tenia aqueix caràcter d'acord amb la guerra total, i no podia sinó incloure una component exterminadora, es mostra en un article del diari catòlic *Las Provincias*, del 27 de juliol de 1927, on de forma cínica s'estableix com a condició de la colonització la fermesa aniquiladora:

«Inglaterra es la gran maestra en el arte de colonizar. Si analizamos sus procedimientos, advertiremos que se condensan en una única regla: destruir por todos los medios y lo más rápidamente a la raza indígena [...] Pero ¡ese sistema es inhumano! ¡Ese método es feroz y cruel! Oímos exclamar a los lectores de *Las Provincias*. Tal exclamación nos descifra la incógnita de la deficiencia española para colonizar. Colonización y sentimentalismo, o si se quiere, humanitarismo, son opuestos; la una no es posible cuando existe el otro [...] Sí, los españoles son sentimentales, y, por tanto, malos colonizadores».[39]

D'altra banda, la guerra colonial d'Àfrica també acaba sent una guerra que posa de manifest les fractures de classe en la metròpoli mateixa, incoant i aguditzant l'enfrontament civil. L'origen social de les tropes del Marroc estava massivament determinat per l'eventual capacitat de la gent de pagar a l'estat les quantitats estipulades per a l'exempció del servici. Excepte els oficials i suboficials, que tenien al Marroc una millor paga, possibilitats de promoció i no escasses possibilitats de corrupció, les capes més empobrides de la societat formaven el gros de les tropes. Una tropa que, a més, patien en el seu equipament i alimentació la

37. Cf. Les fonts citades per Balfour, S., art. cit., *op. cit.*, p. 89, nota 70.

38. Cf. Traverso, E., *Violencia nazi, una genealogía europea, op. cit.* Especialment el capítol «Conquistar», pp. 75 i ss.

39. Citat per García Zanón, A., en «El Desastre de Annual en la prensa valenciana. Las primeras reacciones», en AADD, *La Campaña de África. Un encuadre aéreo, op. cit.*, p. 59.

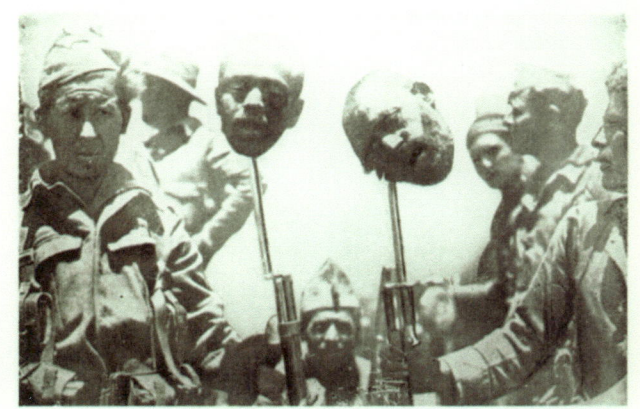

Fig. 13. Il·lustració del llibre "Guerra a la guerra" d'Ernst Friedrich (vegeu nota al peu número 2). El peu de foto diu: "Les virtuts dels homes més nobles floreixen en la guerra (Comte Moltke). En la guerra dels espanyols contra els marroquís que lluiten per la seua independència, els soldats espanyols tallaren els caps dels seus presoners i els clavaren en baionetes".

rapinya i els negocis que a costa seu es feien en la intendència. Barea en la seua crònica descriu els mecanismes establits, omnipresents, de frau. De manera que, en general, el suport a la guerra del Marroc es distribuïa en funció de l'origen de classe. La major resistència provenia dels obrers urbans organitzats, mentre que el suport provenia de les classes altes i de les classes mitjanes urbanes. Molts autors atribueixen als llauradors una actitud fatalista i resignada. És notable que el desacord es formulara sovint en el context, i segons els termes, de la justificació civilitzadora de la guerra. Quan Barea reconstrueix les preguntes que els soldats d'origen llaurador es feien al ser enviats a Àfrica, ofereix el monòleg següent:

«¿Por qué tenemos nosotros que luchar contra los moros? ¿Porqué tenemos que "civilizarlos" si no quieren ser civilizados? ¿civilizarlos a ellos, nosotros? ¿Nosotros, los de Castilla, de Andalucía, de las montañas de Gerona, que no sabemos ni leer ni escribir, Tonterías. ¿Quién nos civiliza a nosotros? Nuestros pueblos no tienen escuelas, las casas son de adobe, dormimos con la ropa puesta, en un camastro de tres tablas en la cuadra, al lado de las mulas, para estar calientes. Comemos una cebolla y un mendrugo de pan al amanecer y nos vamos a trabajar en los campos de sol a sol. A mediodía comemos un gazpacho, un revuelto de aceite, vinagre, sal, agua y pan. A la noche nos comemos unos garbanzos o unas patatas cocidas con un trozo de bacalao. Reventamos de hambre y de miseria. El amo nos roba y, si nos quejamos, la Guardia Civil nos muele a palos. Si yo no me hubiera presentado en el cuartel de la Guardia Civil cuando me tocó ser soldado, me hubieran dado una paliza. Me hubieran traído a la fuerza y me hubieran tenido aquí tres años más. Y mañana me van a matar ¿O voy a ser yo el que mate?»[40]

El monòleg impersonal que Barea considera propi de la majoria dels jóvens soldats coincideix notablement amb els termes d'un article del periòdic *El Pueblo* publicat el 26 de juliol a València, una de les primeres reaccions, junt amb l'abans citat de *Las Provincias*, al Desastre d'Annual. Allí es pregunta quina funció tenen «las numerosas Hurdes ibéricas» i es contesta, que encara que «miserables» tant en l'econòmic com en l'intel·lectual i el físic, serveixen de brollador d'on extraure gabelles i de viver d'on proveir els exèrcits del rei. Gabelles i soldats amb què es vol «colonizar y civilizar Marruecos». Ara bé, civilitzar, prossegueix, equival a establir la comunitat civil: «¿Podrá cultivar el predio ajeno quien por ignorancia, flojedad y pobreza mantiene baldío el huerto familiar? ¿Podrá un ejército, por sí sólo, civilizar un país, sea el propio país, sea un extraño?».[41]

La guerra colonial és una guerra que pateixen no sols els sotmesos de les colònies, sinó els desheretats de la metròpoli. Una guerra que convé a les elits militars i a les oligarquies que descuiden la població pròpia per a satisfer els seus beneficis econòmics i interessos polítics. Per tant, la guerra d'Àfrica portava a la mateixa conclusió que les especulacions entorn de la guerra total imaginada. La lluita contra el capital, i contra el militarisme feixista concebut com la seua expressió instrumental contra les classes populars, era necessària. Que aqueixa lluita tinguera la forma del bèl·lic o no, depenia de les diferents opcions polítiques. També podia tindre una expressió rabiosa i impotent, adoptant la forma del motí

40. Barea, A., *op. cit.*, pp. 93-94.
41. Citat en García Zanón, art. cit., , pp. 57-58.

iconoclasta, com en la Setmana Tràgica de Barcelona, els ecos de la qual, no sols a Catalunya, arriben als primers mesos de 1936 després de la rebel·lió militar i la conspiració feixista.

Però Balfour també assenyala un aspecte diferent de notable interés analit-zant textos dels generals Queipo de Llano i Mola. La transposició de l'Altre marro-quí a un Altre intern a l'Espanya mateixa, segons un lineament de classe, que van fer els militars africanistes, els futurs colpistes. No va ser excepcional que con-ceptuaren els obrers i llauradors reticents als seus conceptes com ho havien fet amb els «moros»: incivilitzats, desmanotats, indolents i incultes.[42] En tot cas, aqueixa ja és una altra història, no la d'una guerra imaginada, sinó la que va arrancar el 17 de juliol de 1936, un dia abans que a Espanya, al Marroc.

42. Cf. Balfour, S. art.cit, op. cit. pp. 90-91.

Camarada

Juan Jose Hidalgo

Calle del Gobernac

biejo nº 27

Porteria

Valencia

Dels epistolaris en temps de la Guerra Civil espanyola (1936-1939)

ROMÀ SEGUÍ FRANCÉS

1. SOBRE ELS EPISTOLARIS I LA GUERRA CIVIL ESPANYOLA (1936-1939)

La Biblioteca Nacional d'Espanya organitzà, pel maig de 2004, un seminari sobre arxius personals;[1] és a dir, sobre els arxius que han generat les persones individualment al llarg de la seua vida. La reunió, a banda de servir per a destacar la importància que tenen aquests arxius com a font d'informació i investigació, va permetre elaborar un primer recull de treballs inèdits que tractaven diferents aspectes, com ara el seu tractament tècnic[2] o l'edició d'epistolaris.[3] Tanmateix, el que sembla important és l'intent de reflectir, mitjançant la documentació privada, una altra manera d'acostar-se a la realitat. És evident que els arxius personals dels diguem-ne protagonistes de la història —em referisc a aquells que generen estudis i biografies— incideixen sobre el que van viure, i destaquen allò que ells van considerar més important, oblidant o censurant allò que no els interessava recuperar. Les estratègies són múltiples i suggeridores, tot i que no entrarem en el tema. Pel que fa als epistolaris, cal pensar en diferents possibilitats. Qualsevol correspondència es basa en una relació entre dues o vàries persones, les quals

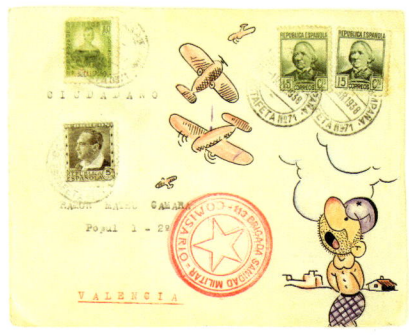

1. *Seminario de archivos personales (Madrid, 26 a 28 de mayo de 2004)*. Madrid, Biblioteca Nacional de España, 2006.

2. Juan Galiana: «De los archivos personales, sus características y su tratamiento técnico», en *Seminario de archivos personales…, op. cit.*, p. 19-28.

3. Vegeu la sessió sobre edició d'epistolaris amb els treballs d'Enric Bou, Nigel Dennis, Andrés Soria Olmedo i Enrique Serrano Asenjo. *Seminario de archivos personales…, op. cit.*, p. 251-286.

4. Vegeu Jordi Gracia: *El valor de la disidencia: epistolario inédito de Dionisio Ridruejo (1933-1975)*. Barcelona, Planeta, 2007, p. XI: «Un epistolario es una mentira discreta pero doblemente ofensiva. La impresión de veracidad de las cartas es tan inmediata y directa que tiende a colonizar en la imaginación del lector la integridad de la persona que las escribe o que las recibe. La realidad es exactamente la contraria porque la mera publicación de esas cartas deja en la oscuridad o en el silencio aquellos asuntos o interlocutores que existieron históricamente pero no dejaron rastro escrito en una tarjeta, una postal o una carta extensa y mecanografiada. Es una cautela elemental que el lector debe tener ante todo epistolario: la ilusión que transmite de capturar al personaje al instante es tan grande que tendemos a olvidar que esa misma perspectiva íntima arroja una imagen más interesada y parcial que la que construiría el buen biógrafo del personaje.»

s'informen sobre unes activitats determinades. No és el mateix llegir les cartes que es creuen dos investigadors al voltant d'un tema determinat que la que es genera entre un editor i un autor. No és el mateix consultar les missives que lliura un ambaixador que les cartes d'amor d'uns novençans. La relació epistolar es planteja sobre un enteniment, sobre un univers d'interessos que en bandeja uns altres. Tampoc no es pot comparar la correspondència d'una persona pública —en tant que n'és conscient— amb la d'uns individus que s'escriuen sense ànim de passar a la posteritat. Tot i així, no s'ha d'oblidar que qualsevol relació epistolar es basa en contar allò que es vol contar, amagant moltes vegades una realitat que, per les raons que es puguen considerar, no interessa reflectir, sobretot si la relació epistolar conté elements íntims.[4] A més a més, s'han d'observar diferents aspectes que condicionen qualsevol contacte humà, com ara el marc històric, les condicions vitals o els esdeveniments que menen una relació. I no hem d'oblidar que una guerra significa una solsida en la vida quotidiana, creant-ne una de nova que estableix uns altres paràmetres.

Tot i així, la darrera Guerra Civil espanyola, pel que fa al món de la correspondència, s'ha d'abordar amb unes perspectives diferents.[5] D'una banda, el Govern legítim d'Espanya enceta unes campanyes propagandístiques sobre la necessitat de comunicar el front amb els familiars. De l'altra, sorgeix el greu problema de l'analfabetisme que es pateix arreu d'Espanya, amb actuacions puntuals i efectives com ara Milicias de la Cultura. Aquesta contradicció, que es fa palesa en la necessitat de fomentar la comunicació escrita i en la incapacitat d'aconseguir-ne una solució estable —perquè la majoria de la tropa gairebé no ha estat escolaritzada— obligarà el Govern legítim a establir unes condicions com a mínim suggeridores.

L'ANALFABETISME AL FRONT: MESURES DE CORRECCIÓ

La proclamació de la II República va comportar una lluita constant contra l'analfabetisme. Els successius governs, excepció feta del bienni cedista, incrementen el pressupost per a instrucció pública, de tal manera que si el vigent en 1930, abans de la proclamació, era d'uns 209 milions de pessetes, augmenta, en 1931,

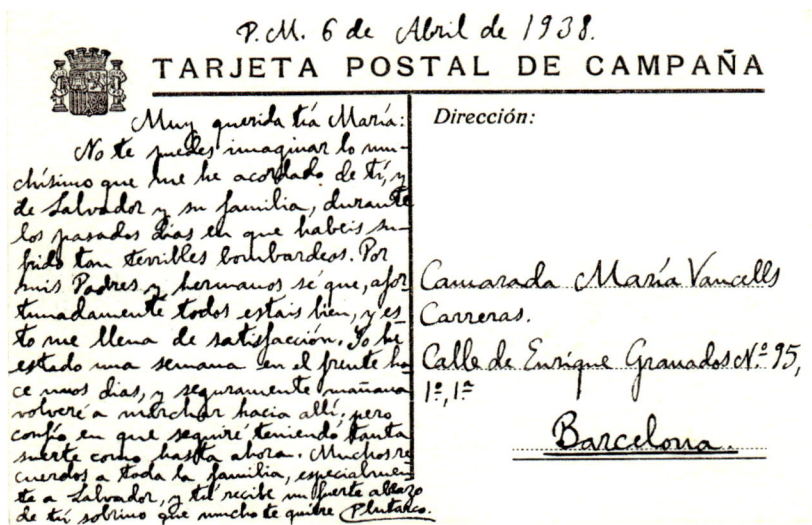

P.M. 6 de Abril de 1938.

TARJETA POSTAL DE CAMPAÑA

Muy querida tía María:
No te puedes imaginar lo muchísimo que me he acordado de ti, y de Salvador y su familia, durante los pasados días en que habéis sufrido tan terribles bombardeos. Por mis Padres y hermanos sé que, afortunadamente todos estáis bien, y esto me llena de satisfacción. Yo he estado una semana en el frente hace unos días, y seguramente mañana volveré a marchar hacia allá, pero confío en que seguiré teniendo tanta suerte como hasta ahora. Muchos recuerdos a toda la familia, especialmente a Salvador, y tú recibe un fuerte abrazo de tu sobrino que mucho te quiere Plutarco.

Dirección:

Camarada María Vancells Carreras.
Calle de Enrique Granados Nº 95, 1º,1ª
Barcelona.

---

fins arribar als 267 milions. Pel que fa a 1936, la inversió havia crescut fins a calcular-se en 342 milions.[6] D'altra banda, la creació de Misiones Pedagógicas en 1931, que intentaven acostar la cultura als pobles, indica la revolució cultural que es pretenia, perquè la lluita contra l'analfabetisme buscava d'eliminar un aspecte tan sinistre, la condició del qual la patia el cinquanta per cent de la població espanyola[7] en iniciar-se la República. Tot i invertir aquest pressupost, tot i escolaritzar els infants, una gran massa de la població adulta continuava amb la condició d'analfabeta, cosa que es va palès en els primers moments de la guerra. La Federación Española de Trabajadores de la Enseñanza (FETE) creà el Batallón Félix Barzana i el ministeri Milicias de la Cultura per tal d'aconseguir que la massa camperola aprenguera mínimes nocions de lectura i escriptura d'una banda i les operacions aritmètiques bàsiques de l'altra.[8] De fet, el 4 de juliol de 1937, durant l'acte d'inauguració del II Congrés Internacional dels Escriptors per a la Defensa de la Cultura, el Comissari General de l'Exèrcit, Julio Álvarez del Vayo, introdueix

5. Sobre aquest tema hi ha poca bibliografia, i no és que no s'haja tractat el tema, sinó que s'ha plantejat des d'altres perspectives. Hi ha un article de Manuel Vázquez Enciso: «Historia postal de la guerra civil española», *Boletín de la Academia Iberoamericana y Filipina de Historia Postal* (1983), nº 39, p. 72-80, que repassa diferents aspectes, com ara l'emissió de segells o la censura, en els dos bàndols, però que no aprofundeix en les relacions que s'hi generen.

6. Vegeu Enrique Naval: «El presupuesto de instrucción pública de 1937», *Un año de labor cultural de la República Española. Tierra firme* (2006), nº 3-4, p. 612-613: «Al segregarse, en 1900, del antiguo Ministerio de Fomento, la Dirección General de Enseñanza, se formuló el primer presupuesto de Instrucción Pública, con un importe total de 17,4 millones de pesetas. Esa cifra pasó a 45,5 millones en 1902, por haberse hecho cargo el Estado de las atenciones de la 1ª enseñanza que hasta entonces corrían por cuenta de los municipios y que importaban, en el presupuesto de 1902, 24,1 millones de pesetas. Entre los 40 y los 50 millones se sostiene el presupuesto hasta el año 1907. Aumenta después lentamente, para llegar en 1917 a 76,7 millones. Tiene luego un aumento de importancia en el año 1920, en el que alcanza la cifra de 152,5 millones. En 1927 y 1928, el presupuesto de Instrucción Pública, que había llegado en 1924 a 177,6 millones, desciende a 160,3 y 166 respectivamente, para exceder de los 200 millones en 1929 y sufrir después en 1930 un nuevo descenso. Al advenimiento de la República, el presupuesto de Instrucción era de 209,8 millones de pesetas. El primer presupuesto republicano se elevó a 267,1 millones; el de 1933 llegó a 310,7 millones y el de 1934 a 550,2. Para el último semestre de 1935 las Cortes votaron un presupuesto de Instrucción Pública que, prorrogado para el año 1936, representa un gasto anual de 342,6 millones de pesetas. El gobierno del

Frente Popular, cumpliendo el precepto constitucional, presentó a las Cortes en lº de octubre de 1936, en plena guerra, un proyecto de presupuesto que fue aprobado y que rige en el presente año. Los créditos para Instrucción Pública ascienden a 497,1 millones, o sea un exceso de 150 millones sobre el presupuesto anterior y bastante superior al doble del último presupuesto de la monarquía, que no llegaba, como antes se ha dicho, a 210 millones de pesetas. En el presupuesto de 1937 se consignan, para el pago de los escalafones del magisterio primario, 265,5 millones de pesetas, contra 195,9 del presupuesto anterior, lo que ha hecho posible la desaparición del sueldo mínimo de 5.000 pesetas (cuantos lo percibían han pasado al de 4.000; 10.000 de ellos, entre maestros y maestras, al de 5.000).»

7. Per tal d'entendre la importància de les Missions Pedagògiques, cal consultar Ana Martínez Rus: «Las bibliotecas del Patronato de Misiones Pedagógicas (1931-1937)», en *La política del libro durante la Segunda República: socialización de la lectura*. Gijón, Trea, 2003, p. 29 i següents, i *Las Misiones Pedagógicas 1931-1936*. Madrid, Sociedad Estatal de Conmemoraciones Culturales, Residencia de Estudiantes, 2006.

8. Vegeu Antonio Ballesteros Usano: «Instrucción primaria», *Un año de labor cultural…, op. cit.*, p. 583: «Persistiendo en esta misma línea de combatir con hechos y con organismos eficaces el analfabetismo y la incultura, el Ministerio ha creado, como institución propia, aneja a las diversas unidades del Ejército de tierra, aire y mar, el Cuerpo de Milicianos de la Cultura. Estos milicianos comparten con nuestros soldados las penalidades de la campaña y enseñan a leer y escribir a los analfabetos, amplían la cultura primaria de los que ya poseen las bases de la instrucción y facilitan libros y revistas a todos los combatientes en las horas de descanso para su recreo y ampliación de su cultura. Para facilitar la

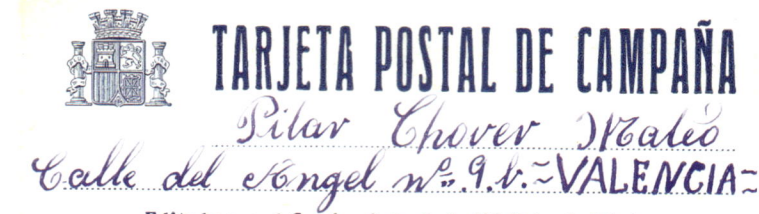

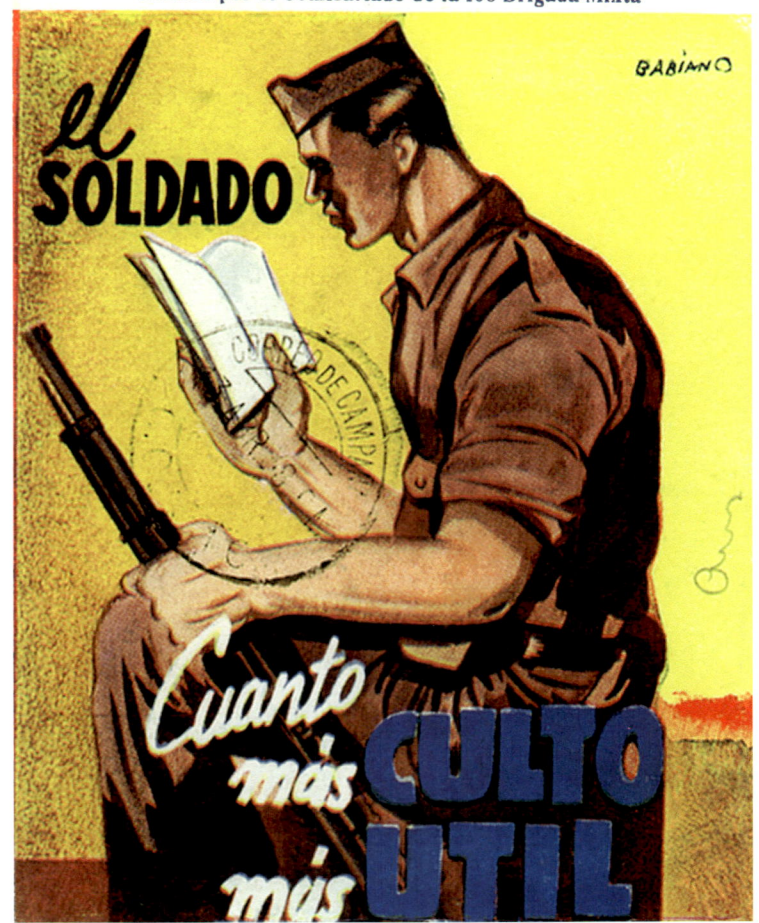

el tema de l'analfabetisme en el seu discurs, de tal manera que es compromet perquè «al terminar esta Guerra Civil […] no quede un solo analfabeto».[9] Aquesta situació obligarà a prendre un altre tipus de mesures, ja que la correspondència implica la superació de l'analfabetisme.

EL CORREU

Una de les primeres mesures que pren el Govern legítim és la de satisfer les necessitats postals del combatents. El 7 d'agost de 1936 aprova un decret pel qual es crea la targeta postal de campanya.[10] El seu preàmbul diu:

> Obligación ineludible y apremiante del Gobierno legítimo de la República es, en los momentos presentes, atender con urgente solicitud, no sólo a las necesidades a avituallamiento y pertrecho propias de un ejército que lucha heroicamente por el restablecimiento de la legalidad republicana, sino las de índole familiar y afectiva, que son complemento lógico de aquellas.
>
> Es preciso organizar adecuadamente el servicio postal en los diversos campos de operaciones, así como facilitar a los esforzados combatientes republicanos la recepción y envío de su correspondencia epistolar y de cuantos objetos postales puedan cambiar con sus familiares para satisfacer sus necesidades, su comodidad o regalo.
>
> Procede, para llenar estos fines, la creación de estafetas de correos para cada una de las columnas expedicionarias; implantar el servicio de "envíos populares", análogo al establecido, en ocasión pretérita, para las fuerzas de Marruecos y norte de África, y eximir del pago de los derechos de franqueo a la correspondencia cambiada en las circunstancias fijadas a continuación.

Encara no havia passat un mes des de la sublevació i el Govern ja havia pres mesures. El servei postal calia organitzar-lo adequadament, perquè la comunicació entre la reraguarda i les trinxeres era necessària en tots els aspectes. A banda de fomentar la propaganda en la primera línia de combat, mitjançant accions de qualsevol tipus, com ara la creació de biblioteques[11] o imprimint postals que reproduïen

tarea de las Milicias de la Cultura, el Ministerio ha editado 150 000 ejemplares de una *Cartilla escolar antifascista*, modelo de buen gusto, de bella presentación tipográfica y de fino y acertado sentido pedagógico. En la actualidad funcionan 800 escuelas para soldados en los distintos frentes, servidas todas por maestros nacionales puestos al servicio de esta noble causa de difusión de los bienes de la cultura.» Vegeu també Decreto, de 30 de enero de 1937, facultando al Ministro para organizar bajo el título de "Milicias de la Cultura" un cuerpo de Maestros e Instructores escolares para enseñanza de los combatientes. (*Gaceta de la República*, nº 33, de 02.02.1937) i Luis García Ejarque: «Las bibliotecas de las Milicias de la Cultura», en *Historia de la lectura pública en España*. Gijón, Trea, 2000, p. 215-217.

9. Vegeu Luis Mario Schneider: *Inteligencia y guerra civil española*. València, Conselleria de Cultura, Educació i Ciència, 1987, p. 64. Per la vesprada va intervenir el filòsof Joaquim Xirau, en representació de la FETE, i el seu discurs es centrà en les activitats de la lluita contra l'analfabetisme. Vegeu Luis Mario Schneider: *Inteligencia…*, *op. cit.*, p. 77.

10. Vegeu Decreto, de 7 de agosto de 1936, del Ministerio de Comunicaciones y Marina Mercante, creando la Tarjeta Postal de Campaña (*Gaceta de la República*, nº 221, de 08.08.1936).

11. Vegeu, a tall d'exemple, la tasca encetada per la secció de biblioteques de l'organització Cultura Popular que, sota la coordinació de la bibliotecària Teresa Andrés, va muntar petites biblioteques a les trinxeres i els hospitals de sang. Vegeu el seu text: «Cultura Popular y su Sección de Bibliotecas», *Un año de labor cultural…*, *op. cit.*, p. 604-606. Aquest text es va reproduir en *Biblioteca en guerra*. Madrid, Biblioteca Nacional de España, 2005, p. 313-318.

cartells de propaganda amb missatges de lluita, el Govern es planteja de solucionar altres tipus de comunicacions més quotidianes, com ara la circulació d'informació, els girs postals[12] o el lliurament de paquets perquè els milicians puguen rebre roba o menjar.

LA TARGETA POSTAL DE CAMPANYA

És interessant observar els diferents tipus de targetes postals de campanya, perquè evidencien la seua funció.[13] Hi ha unes que no en porten més indicacions que les de ser postals de campanya i n'hi ha altres que reprodueixen cartells de propaganda de diferents organitzacions, ja siguen obreres, com ara la UGT o CNT-FAI, ja siguen culturals, com ara Cultura Popular.[14] Tanmateix, el que és simptomàtic és el revers imprés de més d'una, perquè mostra el problema de l'analfabetisme. Aquest model és el següent:

_____ de _____ de 1937

Querido _____ *Recibí* _____

_____

_____

Mi estado de salud es _____

_____

Necesito que me mande _____

_____

Di _____ *a* _____

que _____

La correspondencia me la debe enviar _____ *a la dirección siguiente*

_____

(firma)

12. Decreto, de 6 de septiembre de 1936, del Ministerio de Comunicaciones y Marina Mercante, disponiendo que mientras duren las actuales circunstancias, se cursen gratuitamente los giros postales dirigidos a las fuerzas leales y milicias que luchan en los diversos frentes y los expedidos por las mismas dirigidos a localidades españolas autorizadas. (*Gaceta de la República*, nº 251, de 07.09.1936)

13. Vegeu Ricard Martí Morales: *Les targetes postals de la guerra civil 1936-1939*. Barcelona, Miquel Salvatella, 2000.

14. Una mostra la podeu trobar en: http://www.sbhac.net/Republica/Carteles/Index.htm.

El model replega les informacions que són imprescindibles per tal de comunicar unes dades mínimes i essencials, de tal manera que amb un poc d'escriptura pogueren ser trameses. No es qüestió d'entrar ací a avaluar el per què d'aquest model, ja que qualsevol formulari obliga a eliminar aspectes. El que importa, però, és el fet de necessitar-ne, de models, per tal d'afavorir la comunicació, la qual cosa indica el grau d'analfabetisme de la tropa republicana.

TARGETA POSTAL INFANTIL DE CAMPANYA

No obstant això, en començar les diferents evacuacions de xiquets dels diferents fronts,[15] el Govern creà una altra targeta postal, la targeta postal infantil:[16]

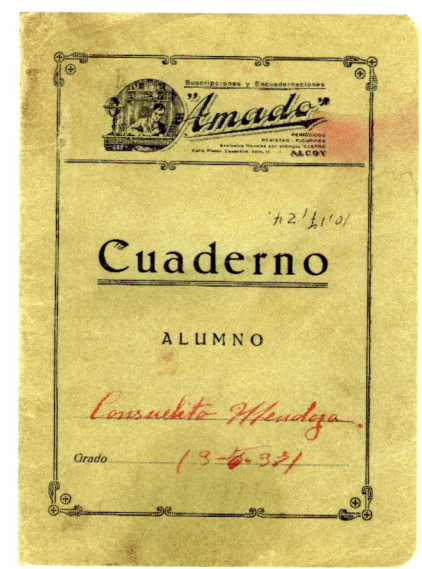

> El Gobierno legítimo de la República a los pocos días de producirse la subversión fascista consideró como una de sus obligaciones ineludibles la de atender con urgente solicitud a las necesidades de índole familiar y afectiva del ejército que lucha heroicamente por el restablecimiento de la legalidad, y por ello con fecha 7 de agosto próximo pasado se decretó la creación, entre otros servicios de Correo, la «tarjeta postal de campaña», que utilizan para su comunicación epistolar las fuerzas leales, y la gratuidad de la correspondencia a éstas dirigida.
>
> Recientemente, la conveniencia de sustraer a la infancia del ambiente bélico que la proximidad de la lucha produce ha aconsejado evacuar a zonas alejadas de la contienda a numerosos niños que tienen su habitual residencia en las afectadas hoy por el curso de las operaciones.
>
> Y así como al principio de estas, para facilitar a los heroicos combatientes republicanos la recepción y envío de la correspondencia epistolar, el Gobierno se creyó obligado a otorgarles los beneficios antedichos, ahora se cree obligado a extender estos beneficios a los niños evacuados y a sus familias.
>
> De esta forma, el Correo, que viene transmitiendo solícitamente a quienes luchan contra el fascismo en los frentes de combate el aliento confortador de sus más íntimos afectos amenazados, favorecerá asimismo las relaciones espirituales con sus progenitores y familiares en general de los niños que ha separado de ellos el empujón brutal de la guerra y que han hallado en los encalmados y acogedores rincones levantinos el ámbito pacífico en que siempre debe desarrollarse la niñez.

15. Vegeu Eduardo Pons Prades: «El éxodo interior (1936-1939)», en *Los niños republicanos en la guerra de España*. Barcelona, RBA, 2005, p. 39-68.

16. Decreto, de 29 de octubre de 1936, del Ministerio de Comunicaciones y Marina Mercante, creando la tarjeta postal infantil, que sólo podrá ser utilizada por los niños evacuados de su residencia habitual. (*Gaceta de la República*, nº 304, de 30.10.1936).

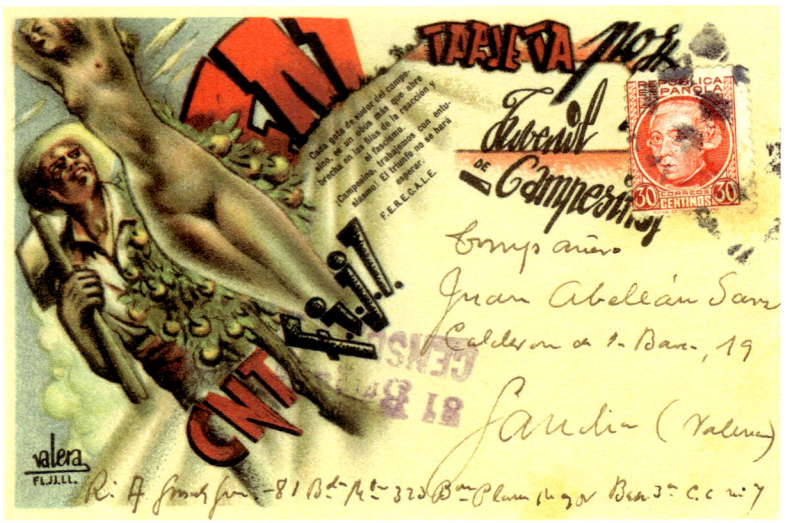

És evident que les accions que es van encetar per tal d'afavorir la comunicació entre els pares i els fills es trobaven insertades en campanyes de propaganda, perquè s'havia de reviscolar la moral de la tropa pel que fa als aspectes familiars.[17]

- L'experiència d'Artur Ballester i Antonio Machado

Una de les iniciatives més singulars va ser la que van protagonitzar l'il·lustrador valencià Artur Ballester i el poeta Antonio Machado. En començar el setge de Madrid, el Govern legítim va evacuar els intel·lectuals que residien a la capital d'Espanya per tal d'instal·lar-los a València, allotjant-los a la Casa de la Cultura, al carrer de la Pau.[18] Artur Ballester, que ja s'havia encarregat de diferents cartells de propaganda, destacava entre els il·lustradors valencians. Segons contava, «yo conocí a Machado en el café Ideal-Room, que estaba en la calle de Las Comedias, frente a frente a la Agricultura. Machado venía

17. La importància que el Govern legítim dóna als xiquets queda reflectida en la setmana infantil que organitza a València, la qual pretén assumir la celebració de la festa de Reis amb un caràcter laic. Vegeu Rafael Pérez Contel: *Artistas en Valencia: 1936-1939*. València, Conselleria de Cultura, Educació i Ciència, 1986, vol. II, p. 679 i següents.

18. Vegeu Manuel Aznar Soler: «La política cultural republicana», en *Literatura española y antifascismo (1927-1939)*. València, Conselleria de Cultura, Educació i Ciència, 1987, p. 97 i següents.

huyendo de Madrid, pues allí estaban bombardeando a base de bien. Machado era un hombre muy bien puesto, muy elegante, y llevaba unos poemas que iban a servir para unas tarjetas postales que se iban a repartir entre los niños para que pudieran escribir gratis a sus padres que estaban en el frente. Era una cosa benéfica, más que nada. Esos poemas los ilustré yo: fueron seis dibujos en total».[19]

2. ELS EPISTOLARIS DE LA COL·LECCIÓ MONREAL-CABRELLES

CARACTERITZACIÓ DELS EPISTOLARIS

Els epistolaris de la col·lecció Monreal-Cabrelles que conserva la Diputació de València de la darrera Guerra Civil espanyola assenyalen unes característiques interessants:

a- Els protagonistes no són coneguts, la qual cosa implica que els relats no tenen tanta autocensura. Les cartes s'escriuen per altres tipus de necessitats.

b- Les relacions tenen un caràcter íntim important, perquè els emissaris i els receptors són família en graus diversos: uns són fills que escriuen als pares; d'altres, marits que enyoren l'esposa…

c- Una de les persones és al front de batalla, i escriu des de les trinxeres o un hospital de sang, en el cas de trobar-se ferit.

d- La percepció del front és diferent segons l'activitat que hi desenvolupe el protagonista, perquè uns viuen més a les trinxeres que no altres.

e- Els continguts dels missatges revelen dues situacions: la guerra viscuda per la població civil i per la tropa. I, a més a més, es parla de les necessitats reals i immediates.

No obstant això, cal incidir en diferents aspectes previs:

a- Són epistolaris. És a dir, són conjunts de cartes escrites, amb millor o pitjor fortuna, que contenen alguna targeta postal, però que pretenen establir un discurs que ultrapassa qualsevol formulari.

19. Vegeu «Arturo Ballester: Retrato sin tiempo», *Valencia Semanal*, nº 67, p. 37-38.

b- Són incomplets. Poques vegades s'han replegat en la seua totalitat, la qual cosa indica que s'han conservat, generalment, les cartes que s'han rebut.

c- Les cartes redactades pers pares indiquen una mancança de cultura escrita importan, perquè estan plenes de faltes d'ortografia. De la mateixa manera, en podem trobar a les de les esposes. Aquest fet pot indicar una primera alfabetització a la infància i una manca d'exercici al llarg de la vida.

d- Tanmateix, les redactades pels hòmens que són al front evidencien més formació, sobretot les de Julián Daroqui i Pepe Hidalgo.

EPISTOLARIS

Dels diferents epistolaris de la col·lecció Monreal-Cabrelles que es conserven al Museu Valencià d'Etnologia de la Diputació de València, cal destacar-ne dos per la seua complexitat. El primer és el de Pepe Hidalgo, un artista que és enviat al front. Conté cartes dels seus pares, del seu germà i de la seua nòvia, Editha Puche. La seua trajectòria és interessant perquè exerceix d'artista al front, de tal manera que il·lustra periòdics murals, modela retrats de persones, fa de carter o treballa en una companyia de teatre.[20] A més a més, és ferit i ingressa en un hospital de sang.

L'epistolari de Pepe Hidalgo permet la reconstrucció d'un itinerari pels diferents fronts amb informacions diverses : d'una banda, les cartes escrites a la seua família, en especial als seus pares, relaten la vida quotidiana amb temes recurrents, com ara el menjar —mai no es queixa, i fins i tot engrossa—, el tabac o les activitats artístiques que desenvolupa; de l'altra, la correspondència amb l'Editha reflecteix un altre àmbit, perquè aquesta estudia a l'institut de Yecla i respon a un model de dona revolucionària, pel que fa a certes contestacions que li fa a Pepe Hidalgo, com ara quan li recrimina que el problema dels zels ja està superat i que en les dones d'aquells moments no hi havia espai per a aquest tipus de sentiments, o quan ella li envia poemes d'amor de Rubén Darío.[21] El problema d'aquest epistolari és, però, la disgregació, perquè de totes les cartes que es conserven, no n'hi ha de sèries completes dels corresponsals, amb la qual cosa la sensació de treballar amb fragments no permet una continuïtat.

20. Un relat sobre les diverses activitats que es donaven al front es pot trobar a la novel·la de María Teresa León: *Juego limpio*. Madrid, Consejería de Educación, Visor Libros, 2000.

21. Sobre la figura de les dones al llarg de la Guerra Civil espanyola, cal consultar l'obra clàssica de Mary Nash: *Rojas: las mujeres republicanas en la guerra civil*. Madrid, Taurus, 2006.

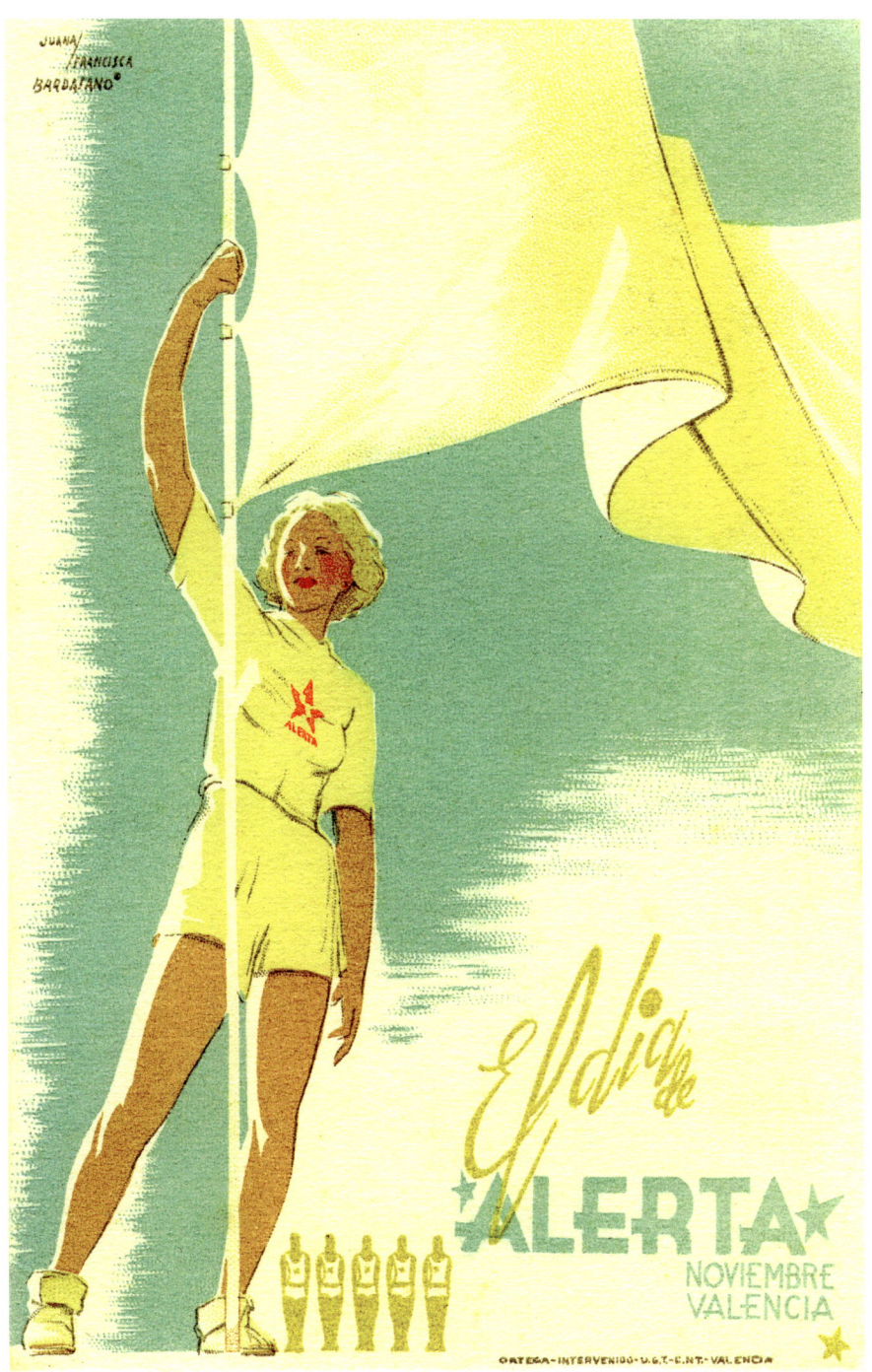

EPISTOLARI D'UN ALUMNE DE LES ESCOLES POPULARS DE GUERRA: JULIÁN DAROQUI-AMPARO FERRER

L'edició d'un epistolari és una tasca complicada, perquè implica un seguit de decisions que cal plantejar. El nostre interés es basa en mostrar una correspondència que faça veure les relacions entre les trinxeres i la reraguarda, alhora que destaque el que succeeix en els dos àmbits. Potser el més complet siga el de Julián Daroqui, tot i que el de Pepe Hidalgo descriu la trajectòria d'un artista al front, activitat que assenyala l'interés per la propaganda. Tanmateix, el de Julián Daroqui és més extens temporalment i arriba a les acaballes de la guerra, cosa que permet reconstruir diferents aspectes d'una manera més precisa.

No s'ha intentat en cap moment transcriure totes les cartes, sobretot perquè no hi ha espai suficient i perquè n'hi ha que són de tràmit. La manera que s'ha triat ha estat la de presentar-les per temàtiques, triant diversos fragments per tal d'oferir una perspectiva que permetera una visió conjunta. La nostra pretensió és que el lector puga retrobar els aspectes més punyents d'aquella realitat. Per això, els fragments que s'han transcrit són llargs, de tal forma que el lector puga extreure més conclusions.[22]

L'epistolari entre Julián Daroqui i la seua muller, Amparo Ferrer, proporciona una informació intensa. Tots dos són un matrimoni amb una filla, i el motiu fonamental de les cartes és la possibilitat de fugir del front, d'abandonar-ne el perill. Julián Daroqui és un mecànic especialitzat i una persona compromesa amb la República.

DE LA VIDA QUOTIDIANA, DE LA FAMÍLIA I DELS AMICS

L'epistolari comença amb una carta d'Amparo Ferrer, en la qual reclama notícies del seu marit. És interessant observar que Amparo Ferrer informarà de la seua realitat —els bombardeigs, l'escassetat de matèries, etc.— quan ho considera necessari, i el seu discurs intenta centrar-se en els esdeveniments i problemes familiars i quotidians i en les estratègies per aconseguir la tornada de Julián. És a dir, el seu discurs, d'una banda, és íntim, perquè li parla de la filla, la família

22. La metodologia emprada ha estat la següent: s'hi han eliminat algunes faltes d'ortografia i s'hi han afegit algunes comes per tal de proporcionar més comoditat. Quan hi ha omissions al principi o al final de la frase, s'ha indicat amb tres punts suspensius amb claudàtors. Al final del paràgraf s'indica la data que figura a l'encapçalament entre parèntesis.

i els amics, i, de l'altra, és quotidià, perquè l'informa de les vicissituds que es viuen a la reraguarda:

> [...] El reloj se atrasa mucho. Dime si subiendo el péndulo se puede arreglar. Julián cuando me escribas cuéntame muchas cosas tuyas, pues de seguro que te ocurrirán más que a mí, pues yo estoy en casa y aunque algún susto nos dan de vez en cuando y son cosas que no se pueden evitar, quitando de eso, puedes estar tranquilo, pues va haciendo ya calor. Dime si de por ahí hace mucho frío y si tienes bastante ropa [...] al acostarnos nos ponemos debajo del almohadón un retrato tuyo, y dice la Tere: así papá no pasará frío, y dice que vengas pronto y yo también digo que se termine pronto esta guerra que me ha separado de ti. (25.05.1938)
>
> Ayer por la tarde estuvieron a vernos Miguel, Cata y la nena y estuvieron un rato haciéndome compañía [...] También vino a preguntar por ti el conserje de El Micalet y llevaba un recibo y no lo quiso cobrar. Dijo que ya volvería y me dio recuerdos para ti. (31.05.1938)
>
> Julián en tu última carta me dices que leéis la prensa de Madrid, y que por lo tanto estarán algo al corriente de lo que ocurre en una de las últimas visitas de la aviación. Miguel, o sea tu hermano, lo ha tenido muy cerca, pero por suerte no le ha ocurrido nada y a nosotros por ahora, aunque tocan bastantes veces las sirenas y si ocurre alguna cosa no es de aquí. (16.06.1938)

Amparo Ferrer comença l'epistolari contant-li qüestions familiars, com ara les ocurrències de la seua filla Teresa o les visites del germà de Julián i la seua família, o la visita del conserge de la societat El Micalet, de la qual ell n'és associat. Pel que fa a les notícies dels bombardeigs a València, Amparo Ferrer, en comprovar que són publicitades pels diaris, les relata. Aquesta estratègia l'emprarà al llarg de la contesa.

1- De la filla Teresa i de les relacions amb Amparo Ferrer

Un dels eixos fonamentals n'és la filla, Teresa. Per una part, la seua salut és un tema recurrent, perquè arriba a patir un parell de malalties, i per una altra,

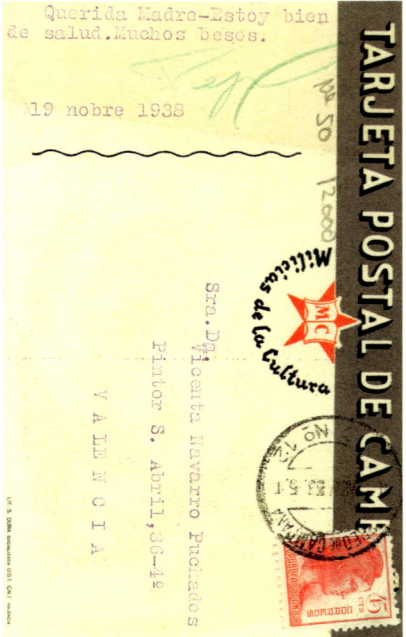

Julián Daroqui gairebé sempre té unes paraules per a ella. Teresa li escriu unes paraules en les cartes que envia sa mare.

> Julián en unos días la nena no te escribirá, pues no está en casa, pues a causa de haberse puesto enferma la Carmen, y de estar en nuestra casa, el médico ha dispuesto que la Tere no esté con nosotros. (10.09.1938)
>
> Amparo dime cómo está la Carmen, si sigue mejorando, y también cómo está la Tere, si come bien y con ganas, y si está ya en casa o todavía está en casa de Concha, y vea que me escribe, pues no puedes figurarte la alegría que yo recibo al recibir carta con dentro unas letras de Teresín, pues a mi me sirve de consuelo el leer tu carta y la que me escribe Tere me llena de alegría. (12.10.1938)
>
> Amparo leo en la tuya que la Tere está enferma de cuidado y que pida permiso. Éste no me lo concederán si no presento certificado médico. Ves a ver a D. José y que te haga un certificado y me lo mandas enseguida. (17.12.1938)
>
> De lo que me dices de la Tere, que la has purgado, ya he visto en otra tuya que no ha sido nada, de lo que me alegro, pues en la actualidad me asusta el pensar que pueda caer la nena enferma de cuidado, pues como la cuestión de medicina está por ahora mal, podría complicarse y tardar a ponerse bien, cosa que sería un sufrimiento para ti y para mí. (20.01.1939)

La tendresa que demostra Julián Daroqui envers la seua filla és impactant, perquè sempre té algunes paraules per a ella, el missatge de les quals va variant a mesura que la xiqueta va evolucionant amb el temps i s'escolaritza:

> Querida Teresín: muchos besitos te manda tu papá, que seas muy aplicada y buena, no le hagas hablar a la mamá y que me escribas mucho, pues el papá se alegra cuando le escribes. Tu papá que te quiere. (03.08.1938)
>
> Teresín: muchos besos del papá que te quiere mucho y te manda muchos besitos y abrazos para que te acuerdes y no te olvides de tu papá, que te quiere mucho. (07.08.1938)
>
> Teresín: muchos besitos y abrazos de tu papá que no te olvida y que tiene ganas de verte para jugar contigo. (09.08.1938)

Teresín: el papá ha recibido el cromo que le envías en tu carta y se ha alegrado mucho, pues ya hacía muchos días que no me escribías. Escríbeme siempre que lo haga la mamá, pues me das mucha alegría. Te mando muchos besitos y abrazos. Tu papá que te quiere mucho y no te olvida. (04.09.1938)

Teresín: muchos besos te manda tu papá, que comas mucho y no le hagas hablar a la mamá y que seas obediente en todo lo que te mande, y así el papá te quiere mucho y siempre te mandará besitos hasta que pueda ir a verte, que tengo muchas ganas. Tu papá. (08.09.1938)

Teresín: muchos besitos te manda el papá que tiene muchas ganas de verte, que seas aplicada en el colegio, que aprendas mucho y no le hagas hablar a la mamá y que seas obediente y me escribas, pues ya hace días que no me escribes y que te acuerdes mucho de papá, que también te quiere mucho y tiene muchas ganas de verte. (12.09.1938)

Querida hija Teresín: el papá está muy contento al saber que ya escribes al dictado y que lo haces bastante bien; cuando me escribas no lo hagas aprisa, pues despacio a letra sale más bonita y mejor escrita; también los dibujos me gustan cada vez más pues los haces muy bien; cuando el papá vaya a casa ya veré como dibujas y tengo muchas ganas de ir para darte muchos besos y abrazos. Tu papá que te quiere mucho y quiere que tú también lo quieras. (17.11.1938)

Querida hija Teresín: […] quiero que seas buena y obediente para con la mamá, el yayo, las tías y todas las personas mayores y así el papá, la mamá y todos cada día te querrán más. (05.12.1938)

Querida Teresín: he recibido la tuya en la que leo que estás bien, de lo que papá se alegra mucho, y que no le hagas hablar a la mamá, esto es lo que el papá quiere, que seas buena y que comas mucho y aprendas mucho en el colegio para que te hagas muy mayor y muy guapa, pues las nenas que aprenden en el colegio y no hacen hablar en casa a sus mamás y tías y a sus yayos, todas se hacen muy guapas y muy mayores. (20.01.1939)

Tere: he recibido tus cartas en las que leo que eres la primera en la clase y que te van a dar un premio, lo cual me ha puesto muy contento, pues el papá eso es lo que quiere, que estudies mucho y aprendas, para que así te hagas muy mayor y muy guapa. (03.02.1939)

> Teresín: […] la suma, resta y multiplicación estaban muy bien hechos. Te mandaré otro día, para que tú las hagas, unas sumas y operaciones y al mismo tiempo te escribiré un cuento. (21.03.1939)

No obstant això, la relació amb la seua muller, de manera separada, es tracta molt poques vegades, tot i que sempre hi ha una al·lusió directa a la necessitat de viure tots plegats, de reunir la família. De fet, amb la guerra, Julián Daroqui va canviant de tarannà, i se n'adona:

> Amparo, como te dije, estamos en un sitio muy bonito, donde hay mucha agua y mucha sombra y tranquilidad, y parece que aquí no haya guerra, pues no se oye nada absolutamente, pareciendo esto un paraíso. Si la suerte quiere que podamos reunirnos al fin de esta maldita guerra, cosa que espero que así sea y mi deseo es que sea pronto, hemos de venir a pasar un día y verás lo bonito que es esto, pues en tiempo normal aquí también venía gente de paella y veraneo. Amparo ya comprenderás que, yo que nunca me ha gustado el ir fuera de casa, al decirte esto es por el deseo de vernos juntos para no separarnos nunca tu, yo y la Tere. (11.08.1938)
>
> […] La dicha que antes teníamos de estar siempre juntos, y ahora me doy cuenta que te he querido y cada día te quiero más, a pesar de que muchas veces hemos regañado, cosa que si tenemos suerte de volver a reunirnos para siempre, espero que no sucederá, pues yo he aprendido en la ausencia que la vida sin ti me pesaría y mi única ilusión en este mundo eres tú. (13.02.1939)

Hi ha un fet singular que cal comentar. Una dona, sembla que amiga d'una veïna d'Amparo Ferrer, va acostar-se al front per tal de veure el seu marit, el qual és company de Julián Daroqui en el campament. Amparo Ferrer se n'assabenta, i li'n demana explicacions. Julián Daroqui li respon:

> Amparo en tu última me dices que María, la del segundo piso, ha visto a la Isabel y le ha dicho que me vio y que ella ha estado con su marido, pero esto está bien para quien le guste pasar las incomodidades que ellos deben de haber pasado, pues él estaba en el campamento y ella estaba en un molino de arroz que hay en el término de Benavites, y por las noches Pepet se escapaba del campamento (exponiéndose a que lo castigaran), la noche que podía, y así

estaban juntos pues. En dicho molino había varias familias y allí estaban todos amontonados durmiendo donde podían. Ya comprenderás que de estas formas es preferible estar tú en tu casa y yo cumpliendo con mi deber […] te explico esto para que veas de que manera ha estado con su marido, pues a mi entender esto no es estar un mes con él, sino estar todos los días esperando si viene o no viene. (21.10.1938)

2- Del proveïment

D'altra banda, un dels temes més recurrents és el de les provisions que s'envien de la reraguarda al front, i a l'inrevés. Tot i que l'alimentació n'és el més recurrent, perquè a mesura que la guerra va arrasant van desapareixent certs productes a la reraguarda, també ens en trobem d'altres, com ara els de les fulles d'afaitar:

> Amparo si puedes encontrar hojas de afeitar, me compras y me las mandas en una carta bien envueltas en papel, pues por aquí el barbero que hay, a las horas que tenemos libres, no puede afeitarnos. (31.01.1939)

> Recibí en la carta una hoja de afeitar, la cual me vendrá muy bien, aunque hubiese querido a ser posible que me hubieses mandado más, pero por lo que me dices que cuando se estropee, que te la mande y la afilarán, veo que no hay por ahí facilidad en encontrar hojas, por lo que me arreglaré con ésta y te la mandaré cuando haya que afilarla. (09.02.1939)

Pel que fa als aliments, Julián Daroqui no es queixa mai del ranxo en passar els primers mesos, tot i que en demana dolç:

> Amparo dime como lo pasáis por ahí de comida y de pan, y que tal os va y si tenéis de todo, pues yo te pido en otra carta que me mandéis comida, y no sé si os va a hacer falta a vosotras, pues de ser así no quiero que me mandes nada, que yo ya lo pasaré como sea. Cuéntame la verdad, pues yo quiero saber como estáis ahí. (08.09.1938)

> Hoy he recibido también el paquete que me mandas con dos botes y cacao y tres cigarros más, un poquito de calabazate y un poco de tabaco del sr. Sendra. (10.09.1938)

Amparo en el paquete no te olvides de mandarme papel y sobres y un lápiz, papel de fumar y sellos […] quitando de esto que te pido y de lo que me mandes en el paquete no te preocupes de nada […] estoy muy bien y con el rancho y lo que tú me mandas como muy bien, y por aquí no hace nada de frío y hasta creo que he engordado un poco. (17.11.1938)

Amparo he recibido el paquete, el cual ha llegado muy bien y está muy bueno todo lo que en él va, pero ya sabes que te tengo dicho muchas veces que, si a vosotras os hace falta, no quiero que me envíes nada de comida. Si no tenéis de sobra, no quiero que vuelvas a mandarme, solamente cacao y cosas de esas y, si mandas un bote, que sea sin carne, pues yo aquí como carne muchas veces. (06.01.1939)

Fins i tot, Julián Daroqui envia pa a la seua família:

Cuando llegué aquí tenía tres chuscos guardados y no sabes lo que he pensado en vosotras, que estáis tan mal de pan, pero como no puedo mandároslo, pues desde aquí no se puede mandar nada, y mi gusto sería el que pudierais comerlo vosotras. (10.01.1939)

[…] Los compañeros que están conmigo me han ofrecido que me darán también pan y así voy a poder llevaros siete u ocho chuscos. (20.01.1939)

El pan que te mandé, te lo hubiese enviado antes pero no me fue posible […] Teresín: muchos besos y abrazos te manda el papá, ya me dirás si el pan que te ha mandado el papá estaba bueno y si comes mucho. (31.01.1939)

I com no podia ser d'una altra manera, el tabac és un dels béns més sol·licitats:

Amparo he recibido el paquete que me has mandado en el cual había dos cigarrillos. No te puedes figurar la alegría que he tenido, pues desde que vine no tengo tabaco, así es que me los he racionado para seis cigarros delgados y no puedes figurarte cada vez que me he fumado uno lo mucho que he pensado contigo y lo feliz que sería si pudiéramos estar juntos para siempre, pero esto es cosa de suerte y mientras no nos llegue la suerte a nosotros, hemos de pasar lo que se presente. Amparo siempre que me mandes paquete veas de mandarme todo el tabaco que puedas recogerme, pues aquí no nos dan por ahora y yo teniendo tabaco soporto con mayor resignación el estar lejos. (06.10.1938)

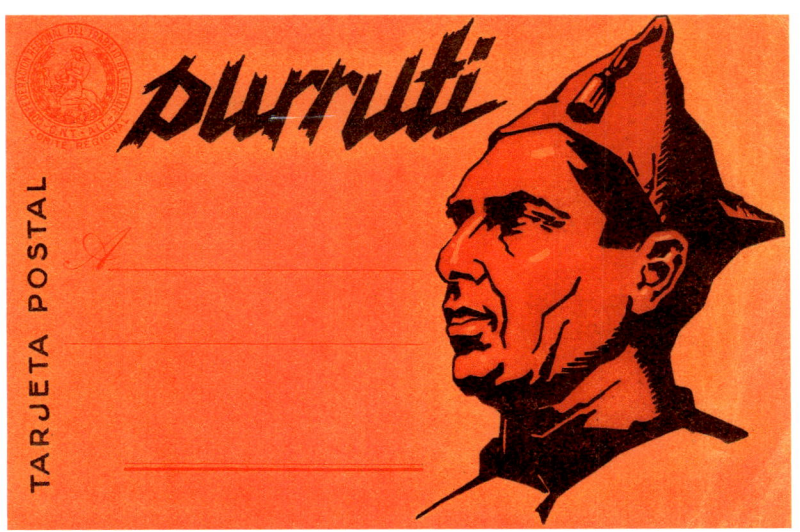

3- Dels amics, dels morts i dels desapareguts

L'epistolari reflecteix a poc a poc diferents esdeveniments que van produint-se. Normalment, la font és Amparo Ferrer, qui s'encarrega de comunicar-li'ls a Julián Daroqui. Les morts es comenten de diferents maneres:

> Amparo con sentimiento leo en tu carta la desgracia ocurrida al pobre amigo Pepe, y ahora me explico el que yo le escribí una carta y me la devolvieron desde el hospital por desconocido. Aplaudo tu ofrecimiento hecho a su mujer y ya sabes que lo que tú hagas siempre, está para mí bien hecho. (02.11.1938)
>
> Quedo enterado de que has recibido el certificado de defunción de mi hermano Vicente (Q.E.P.D.) al cual la suerte no le ha acompañado. Paciencia pues así debería estar escrito en el libro del Destino. (06.02.1939)

Una situació que es descriu amb detall és la desaparició d'un amic en el front. Les notícies no hi arriben de manera clara, i no saben si ha mort o si ha desaparegut. Julián Daroqui no dubta a ajudar:

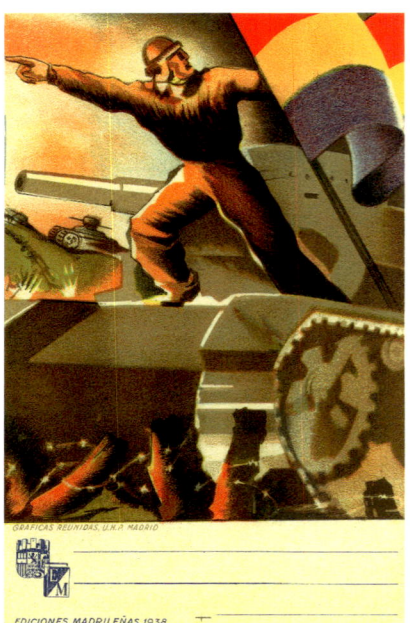

GRAFICAS REUNIDAS, U.H.P. MADRID

EDICIONES MADRILEÑAS 1938.

Amparo referente a Manolo al igual que vosotros estoy preocupado por su suerte, pero como quiera que por ahora no se puede saber nada referente a su paradero, hay que tener paciencia, que ya sabremos el día menos pensado dónde se halla y en qué condiciones. A la Carmen le dices de mi parte que en casa, o sea en nuestra casa, es también la suya para todo y que referente a dinero no tiene más que pedir lo que sea necesario, pues dile que quedé con Manolo que si ocurría lo que ahora lamentamos, u otra cosa peor, yo le prometí que, mientras yo estuviera vivo, que ni a ella ni a Manolín le haría falta nada, de modo que le das a leer esta carta y que quede enterada. (03.02.1939)

DE LES DIFERENTS RECLAMACIONS

Al llarg de l'epistolari es poden detectar dos intents de reclamació per tal que Julián Daroqui abandone les trinxeres i ocupe una plaça de mecànic especialitzat a la reraguarda. Totes dues esdevenen un fracàs: la primera, perquè no arriben o es perden els papers; la segona, perquè no arriba a consumar-se. L'important a destacar, però, és la insistència, tot i que els casos són molt diferents.

El primer intent es basa en una convocatòria pública per tal de cobrir amb mecànics especialitzats 150 places:

Amparo supongo que en la prensa habrás leído que hay un concurso para cubrir 150 plazas de ayudantes ajustadores y estoy cursando una instancia para dicho concurso, que ya tengo permiso de los jefes de mi batallón, pero me hace falta que vayas al taller y pidas que me hagan a la mayor rapidez posible, pues solo hay plazo hasta final de mes, de un certificado de trabajo que certifique mi profesión de *mecánico relojero ajustador* y un aval sindical de afección al régimen. Todo esto con rapidez me lo tienes que mandar para que yo lo pueda entregar al comandante del batallón para que le de curso, pues lo que me falta son los dos avales que te pido, así es que supongo te darás prisa.

Estas plazas a cubrir creo que son para trabajar en el parque de artillería, que es donde trabaja el andaluz que vive al lado de casa, el marido de Lucía. Veas de hablar con ellos y les dices que voy a presentar la instancia y les das mi nombre y señas y les pides que si fuera posible, por estar ya muchos años, a ver si conoce al que tiene que fallar los exámenes, a ver si él puede conseguir que yo sea admitido, pues se lo agradecería toda la vida. (17.08.1938)

Amparo habla con Pepe Luis y le das de mi parte mis más expresivas gracias por el interés que se ha tomado por darme informes de lo que había que hacer y por la promesa de hacer lo que pueda porque saque la plaza. Si voy yo a Valencia yo personalmente se las daré, pues yo no esperaba menos de su caballerosidad, y espero que si está en sus manos hacer algo para que mi instancia sea de las que se aprueben, lo hará, cosa que le agradeceré toda la vida.

Lo que hace falta que si puede que mi nombre sea recomendado por el que tenga que aprobar las instancias lo haga, que lo demás con mi buena voluntad y su ayuda espero salir airoso. (02.09.1938)

[…] También con alegría me entero que el vecino Pepe Luis te ha dicho que si la instancia llega al Parque es casi seguro que saco la plaza, así que ya puedes figurarte lo ilusionado que estoy en espera de saber si la Brigada ha dado curso a la instancia o no, cosa que no puedo saber […] solo puedo saberlo por Pepe Luis o el día que me llamen del puesto de mando con orden de presentarme para ir a los exámenes. (10.09.1938)

[…] Según dice Pepe Luis hasta el día 8 no había llegado mi instancia todavía, lo que me ha llenado de disgusto, pero como quiera que estoy en un punto avanzado, no me es posible hacer ninguna gestión para ver si ha sido cursada o detenida la instancia en la Brigada o en la División, pues en el Batallón sé seguro que le dieron curso […] yo haré todos los posibles por enterarme y reclamar el que se le de el curso, caso que estuviera detenida […] es lástima que ante las esperanzas que Pepe Luis nos da, por culpa de la Brigada pierda la oportunidad de obtener dicha plaza. (12.09.1938)

Amparo por aquí estoy bien pensando mucho en vosotras y deseando que la instancia que he presentado sea aprobada, cosa que sería para nosotros una suerte, pues aunque no pudiéramos estar juntos, por lo menos no estaría yo en peligro ni tu padecerías por mi suerte. Ya veremos si la suerte quiere que por fin consigamos lo que los dos deseamos hace tiempo, que sea una realidad y podamos estar tranquilos hasta el final de esta maldita guerra, que parece que vaya en camino de terminar, pues la prensa da muchas noticias, que si son verdad, ya no tardará mucho en terminar esta pesadilla horrorosa de la cual tenemos

23. La primera es va crear a València. Vegeu: Orden circular creando en Valencia una Escuela Superior de Guerra Popular para los Jefes y Oficiales que reúnan las condiciones que se indican. (*Gaceta de la República*, nº 353, de 18.12.1936)

24. L'activitat de formació fou notable i van imprimir molts manuals. A tall d'exemple: *Automovilismo*. València, Escuela Popular de Guerra, 1938; *Detall y contabilidad* (4ª ed.). València, Escuela Popular de Guerra, 1938; *Enlaces y transmisiones: curso aplicación de Infantería y Caballería*. València, Escuela Popular de Guerra, 1938.

25. Decreto creando en Valencia la Escuela Popular de Estado Mayor para capacitación, en cursos abreviados, de alumnos ingresados que reúnan las condiciones que se especifican. (*Gaceta de la república*, nº 148, de 28.05.1937)*.

ganas que se termine todos los españoles que estamos cumpliendo con nuestro deber de antifascistas. (12.10.1938)

El segon prové del seu germà Miguel, que treballa en una fàbrica d'Almàssera:

Recibí ya una carta tuya en la cual va una de mi hermano en las cuales veo que ya la habéis entregado [la sol·licitud] y que, según me dice Miguel en la suya, la cosa parece que ahora va en serio pues en la fábrica de Almácera hace falta personal de mi oficio y el jefe de personal, por orden del director de la fábrica, tomó nota de mi nombre y dirección para reclamarme para someterme a un examen y ver si puedo ocupar alguna plaza de las que hay vacantes. Esto, como comprenderás, me ha llenado de alegría, pues si se realiza, podremos al fin conseguir estar juntos como es nuestro deseo constante, nosotros y nuestra hija Tere. (17.11.1938)

Amparo recibí una gran alegría, en la primera de tus cartas, en la cual me das la noticia de que la solicitud ha llegado y están tramitándola y espero sea reclamado. Ya veremos si la suerte lo hace así. Pero en la segunda leo con pena que mi hermano Miguel ha recibido la orden de salir al frente, cosa que me entristece, pues ahora que parece que yo voy a poder estar en esa y lejos del peligro gracias a sus gestiones [...] pues parece ser que él o yo tengamos que estar sufriendo las penalidades que lleva consigo la guerra [...] a pesar de tener muchas ganas de estar con vosotras comprenderás que, si pudiera ser, prefiero quedarme donde estoy y que él siga como hasta ahora, pues yo para que mi alegría fuera completa quisiera que mi hermano se quedara como hasta ahora y así mi alegría sería total. (01.12.1938)

Por la tuya veo que la incorporación de Miguel no ha sido llevada a efecto y supongo que es que vuelve a quedarse en el sitio de trabajo que ocupa, lo cual comprenderás que me llena de alegría, pues así queda tranquilo sin las penalidades a las que está expuesto todo el que sale de casa, pues en el sitio que está cumple con su deber de antifascista [...] pues dadas mis facultades creo que yo he de servir mejor la causa antifascista en el rendimiento en el trabajo especial que me designen que aquí en las trincheras, donde hacen falta hombres sin corazón ni sentimientos para dar muerte y sembrar la destrucción. (05.12.1938)

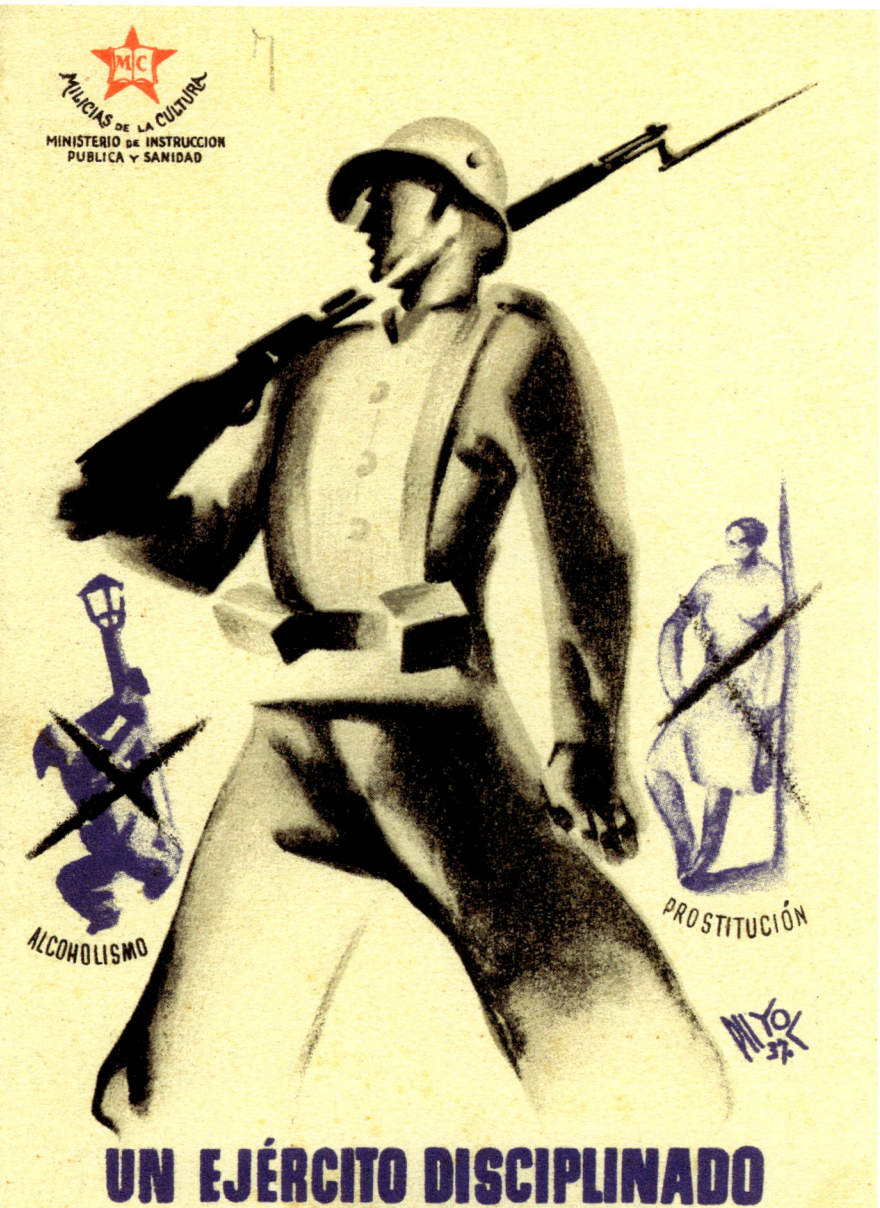

DEL CURSET DE L'ESCOLA POPULAR DE GUERRA

El ministre anarquista Juan Garcia Oliver (05.11.1936 – 18.05.1937), que va formar part del Govern de Largo Caballero, davant del desori que s'havia format a les trinxeres els primers dies de la contesa per l'allau de milicians sense cap formació, va lluitar per establir les Escoles Populars de Guerra,[23] les quals pretenien formar els quadres de l'Exèrcit Popular.[24] Al maig de 1937, es va crear l'Escola Popular d'Estat Major amb la intenció de capacitar oficials que serviren per formar les tropes al front mitjançant cursets específics.[25] Heus ací que Julián Daroqui en féu un al front sobre defensa antigàs.

> Amparo estas letras sólo son para que sepas que estoy bien y, como verás en la dirección que te mando, no estoy en la trinchera, cosa que supongo que te alegrará, pues estoy haciendo un cursillo de capacitación de antigás que lo hacemos en el Estado Mayor de la Brigada, en una escuela que han montado. (12.12.1938)

> […] Te ha puesto contenta el saber que estoy haciendo un cursillo antigás y por lo tanto no estoy en las trincheras. Como supondrás yo también estoy contento, pues si apruebo pudiera ser que no vuelva a estar en las trincheras, pero no hay que hacerse ilusiones pues no sé nada de lo que haremos una vez terminado el cursillo, pues no nos han dicho nada […] nos han mandado a estudiar a la clase que se ha instalado en segunda línea […] Yo pongo todo mi interés y por ahora llevo una buena puntuación en la clase. Ya veremos cuando terminemos donde vamos. (19.12.1938)

> Amparo por ahora sólo puedo decirte sobre mi nueva situación que pertenezco a la Sección de Defensa contra Gases […] y que por ahora estamos sin hacer nada. Supongo que mi trabajo será el enseñar y explicar a las fuerzas que están de descanso la forma y manera de defenderse de los gases […] así que me parece que voy a estar muy bien. Ya te diré cuando empiezo a ejercer mi nuevo trabajo que, como verás, es muy cómodo y descansado y fuera de todo peligro. Esto, como debes suponer, me obliga a seguir estudiando, pues es bastante complicado, y como el curso ha sido tan rápido, para que algunas cosas no se me olviden, es preciso seguir repasando las asignaturas que he aprendido para poder salir airoso y bien en mi labor de enseñanza. (06.01.1939)

[…] Hace un momento hemos entregado el fusil y correaje, que todavía teníamos en nuestro poder, de modo que ya hemos dejado definitivamente de ser fusileros. (10.01.1939)

[…] Por aquí se me ha indicado si voy yo a desempeñar el trabajo de metereólogo, pero todavía no hay nada cierto. Cuando lo haya ya te lo indicaré, pues si hago este trabajo estaría muy bien, pues el trabajo se hace desde un observatorio donde se ve desde un telemetro el terreno enemigo y desde el cual hay que tomar los datos concernientes a la meteorología, y por lo tanto es un trabajo muy descansado y tranquilo, sin ningún peligro. (31.01.1939)

L'ACABAMENT DE LA GUERRA

L'acabament de la guerra, com s'ha pogut comprovar, és un tema recurrent. Tanmateix, les paraules de Julián Daroqui assenyalen unes condicions posteriors que no es van donar:

Amparo por lo que la prensa dice parece que la guerra está tocando a su fin, pero tú no te hagas muchas ilusiones, pues hay que atar muchos cabos y no se sabrá lo que hay de verdad hasta dentro de un poco de tiempo, pues de no conseguir las garantías precisas para que se eviten las represalias no se llegará a un acuerdo, previa la retirada de los extranjeros que, de no realizarla, no habría nada que hacer, pues mientras no nos dejen a los españoles solos, no se puede esperar que la guerra se termine. (13.03.1939).

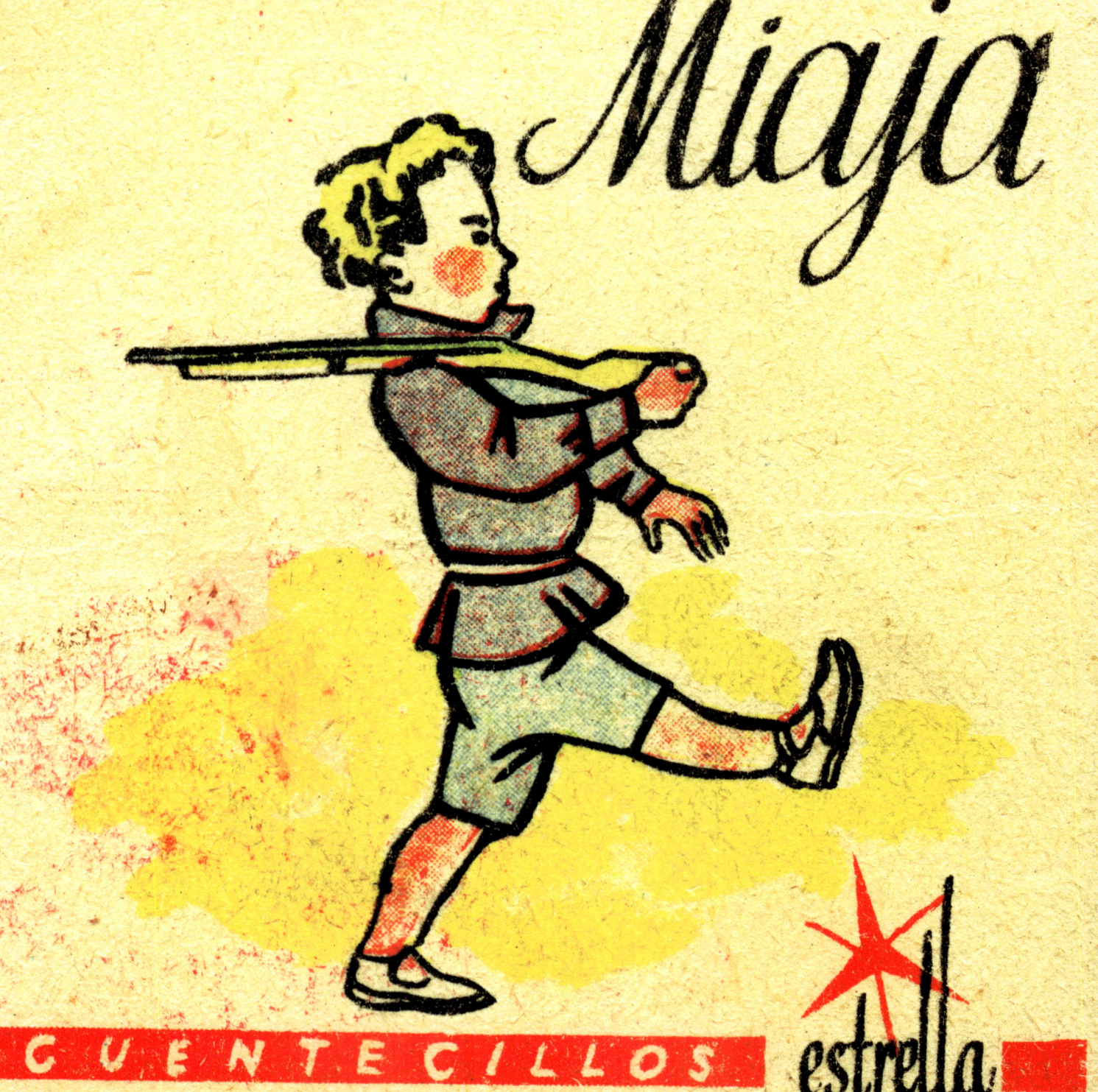

El dolor que transmet calidesa

GERVASIO SÁNCHEZ

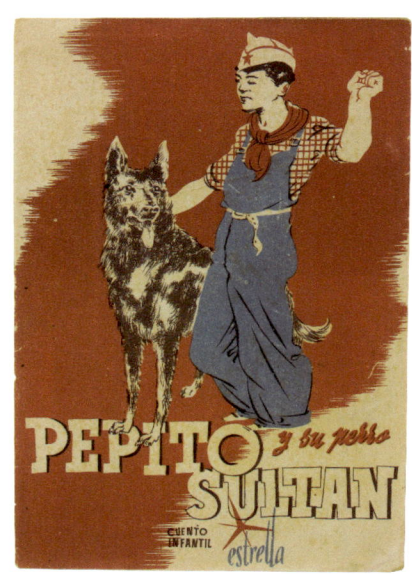

Vaig cobrir el setge de Sarajevo durant una gran part de la seua duració entre maig de 1992 i setembre de 1995. Tot i que la ciutat estava a poques hores d'avió de qualsevol capital europea la cobertura va ser dramàticament possible gràcies a la decisió d'un escàs grup de fotògrafs, periodistes i càmeres de televisió que fins i tot es van enfrontar als seus propis caps decidits a enfosquir informativament el pati posterior de l'Europa rica. Alguns d'aquests hòmens i dones van morir o van ser ferits durant el transcurs del conflicte bosnià. D'altres, que també van madurar com a professionals en aquella tràgica experiència, van morir anys després en les guerres de Sierra Leona, Afganistan o Iraq.

El mateix mes que el setge asfixiant sobre Sarajevo començava a debilitar-se vaig viatjar a la ciutat angolesa de Kuino i vaig assistir a una realitat exasperant: aquell lloc havia patit un setge tan salvatge com el de la capital bosniana del qual ningú no havia informat. Colpejat per la culpabilitat encara recorde els passejos entre les ruïnes o els petits cementeris alçats als jardins de les cases i la presència permanent als carrers de víctimes de les mines antipersona.

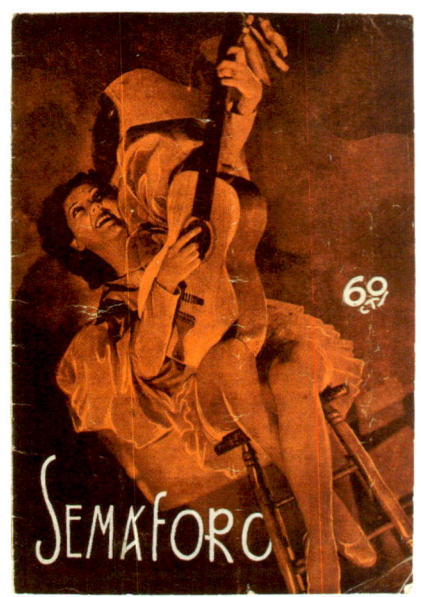

En aquesta professió es perd prompte la innocència i l'optimisme. En els primers anys d'experiència es creu que el treball ben fet pot subvertir el desordre imperant o canviar l'estat de les coses. Però prompte es descobreix que unes guerres es beneficien de la immediatesa mediàtica i d'altres queden sepultades per palades d'indiferència. Les víctimes d'unes i altres acaben formant exèrcits anodins que es desintegren en la memòria com si hagueren participat en una col·lisió còsmica.

A Kuito vaig fer el meu primer examen de consciència al setembre de 1995 i vaig arribar a una clara conclusió: no podia permetre que l'agenda dictada per les grans potències i els principals mitjans de comunicació, tantes vegades d'acord amb interessos aliens al periodisme, em pervertiren. Havia d'establir la meua agenda particular i acudir a aquells llocs condemnats a l'oblit.

Afganistan havia de ser tan important el 10 de setembre del 2001 o els seus dies anteriors com el mateix dia que es va produir un fet terrible com va ser la destrucció de les Torres Bessones, ocorreguda a milers de quilòmetres de distància. Iraq havia de ser cobert en les fases estel·lars del conflicte quan tots els focus estigueren encesos, però també quan el cansament s'instal·lara als despatxos dels qui decideixen el que interessa al lector, el televident o l'oient. Les víctimes de les mines, dels bombardejos o d'amputacions atroces, els xiquets soldats i els familiars dels desapareguts havien de ser tractats amb el respecte que es mereixen i les seues històries documentades amb noms i cognoms.

La càmera no pot disparar-se pel simple gaudi d'una bona imatge o per la cerca frenètica d'un premi. Tampoc no pot crear una il·lusió de realitat i ha de fugir de l'estètica gratuïta. També és cert que el patiment es presenta a vegades inquietantment bell. Hi ha imatges «boniques» de fets horribles. Hi ha persones que pateixen o moribunds que semblen reis. Hi ha dolor que transmet calidesa.

La guerra mostra el pitjor de l'ésser humà, el fracàs en la seua relació amb el veí, la necessitat compulsiva de fer el mal. Però la guerra també permet l'aparició de l'heroisme i la solidaritat. L'Home bo i l'Home roí cara a cara. Davant d'aquesta confusió el faedor d'imatges ha d'actuar amb responsabilitat. A les guerres de

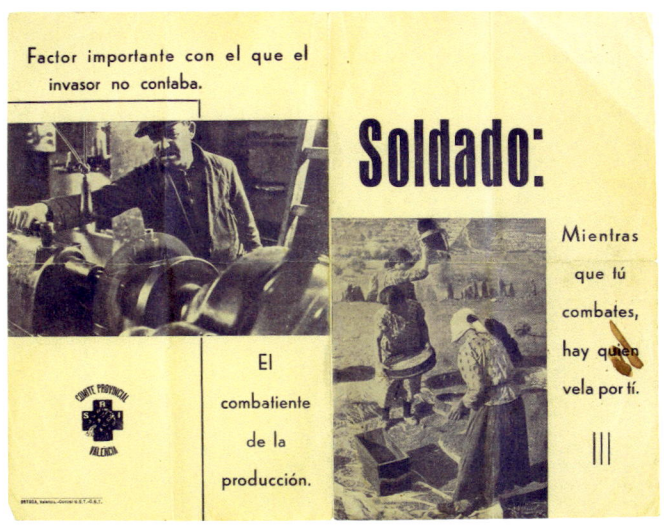

llarga duració víctimes i botxins solen intercanviar-se els papers. Hem vist soldats innocents actuar mesos o anys després com a culpables a Croàcia. Hem vist assassins agonitzar durant una epidèmia de còlera a Rwanda. Hem vist assassinar els mateixos que havien patit anteriorment un intent d'assassinat. Moltes vegades és difícil saber on està la veritat, consumida en els primers compassos de l'enfrontament armat. El millor antídot contra la confusió és situar-se al costat de les víctimes, l'única veritat inqüestionable d'una guerra, documentar el seu patiment i convertir el seu testimoni en una icona contra la desídia.

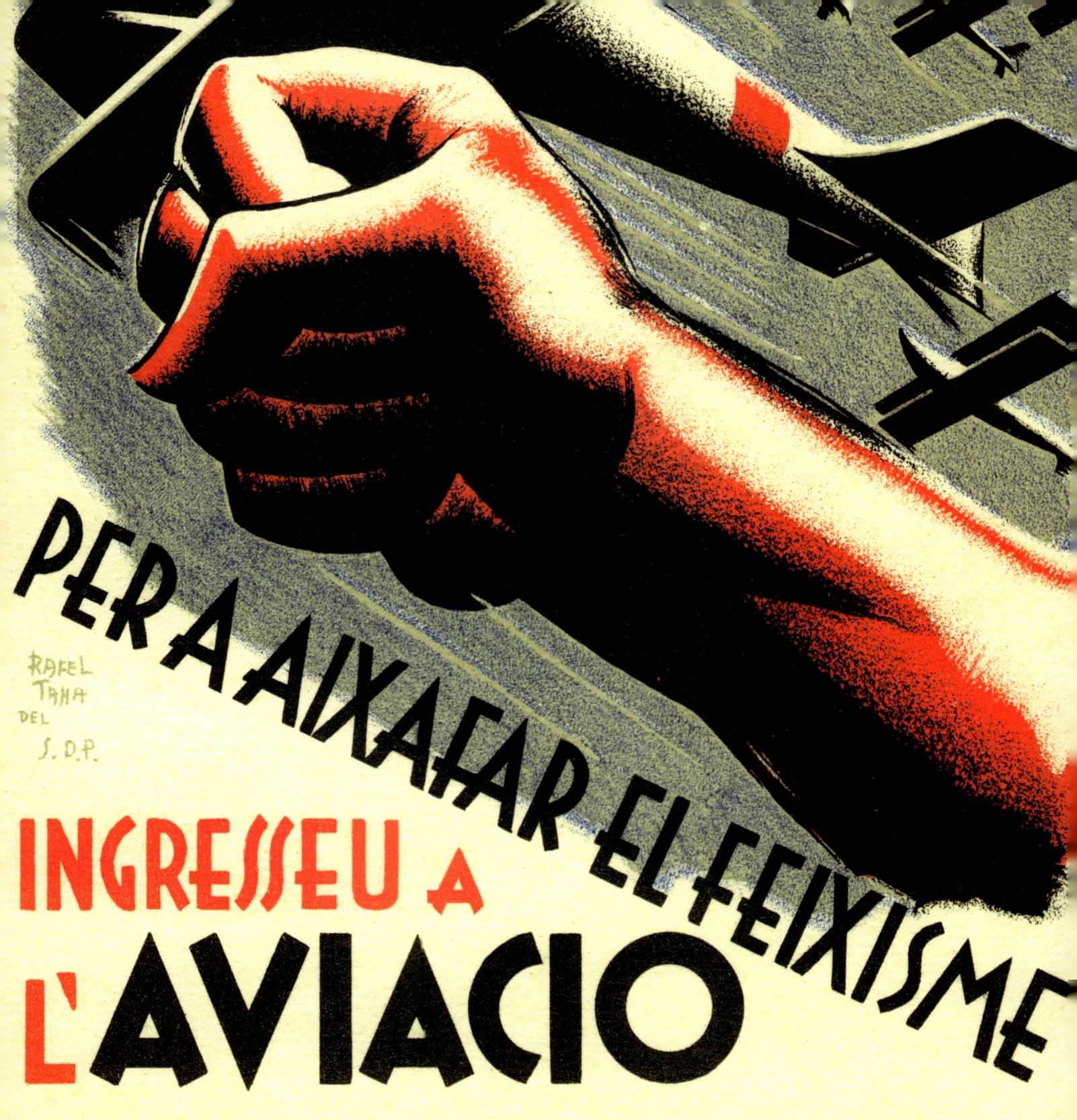

La fragilitat de la memòria (històrica), en l'exposició "Guerra en la ciutat. 1936-1939"

SANTIAGO GRAU GADEA

*Cap de la Unitat de Difusió, Didàctica i Exposicions del
Museu Valencià d'Etnologia*

La nostra memòria és selectiva. Sovint, només recordem una part petita del nostre passat, i oblidem aquells episodis de la nostra història vital més quotidians, foscos o desafortunats. Oblidem els nostres pitjors records per covardia, per supervivència o per a evitar el dolor que ens produeixen, habitualment sense cap tipus de dol ni d'elaboració, sense adonar-nos que només els apartem de la nostra consciència, però que resten gravats en el «disc dur» del nostre inconscient i que en algun moment, sense raó aparent, ens seran tornats al present, en forma de mala digestió, d'angoixa o de variades reaccions psicosomàtiques.

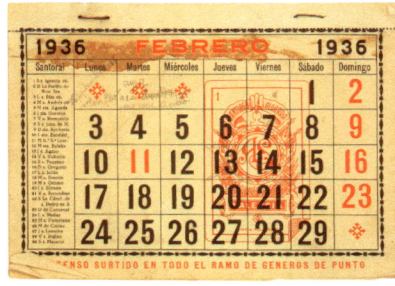

Aquest oblit del passat no sols es produeix a nivell individual, sinó que també afecta els grups socials. Sovint, als pobles se'ls fa oblidar el seu passat, negant-los la possibilitat de conéixer la seua història, per tal que d'aquesta manera siguen més fàcilment manipulables. Que una comunitat es reconega en la seua història, amb les seues llums i ombres, sempre resulta rendible socialment. Ajuda a la cohesió i al desenvolupament social i a no repetir els errors del seu passat. Però aquest exercici d'autocrítica col·lectiva enfront de l'oblit no està exempt de

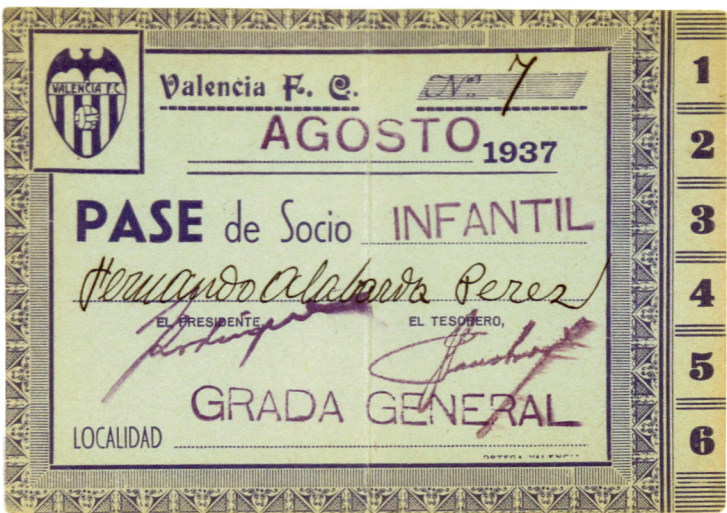

dolor i de reconeixement de responsabilitats, a vegades difícils d'acceptar a curt termini. La frase: «Els pobles que obliden la seua història estan condemnats a repetir-la», pot paréixer tòpica, però desgraciadament resulta certa en la majoria dels casos.

Aquest és el cas de les guerres, i més d'una contesa bèl·lica entre germans, com ho va ser en certs aspectes la Guerra Civil Espanyola (1936-39), amb vencedors i vençuts convivint en la mateixa casa i caminant pel mateix barri. Però la història és a vegades tossuda, es nega a ser oblidada tan fàcilment i reapareix encara que siga a través del fràgil record d'un paper.

En finalitzar la Guerra Civil, paral·lelament a la destrucció sistemàtica de la memòria dels vençuts, també hi va haver una recopilació sistemàtica, per part dels poders del bàndol vencedor, de documentació de qualsevol tipus que justificara la repressió dels ciutadans sospitosos d'haver pertangut al bàndol dels perdedors.

En aquest context, no és difícil comprendre la raó que va impulsar molta gent a desfer-se dels seus records depositats en objectes fútils com ara cartes, postals, diaris personals, cartilles de racionament, carnets, pasquins de propaganda, llibres o periòdics, per temor que el sol fet de guardar-los els poguera comprometre amb el bàndol dels vençuts o simplement perquè la presència d'aquells fràgils documents els recordava la dura realitat d'una derrota o el patiment tremend d'una època. No obstant això, hi va haver una altra gent que va entendre que la història del passat es trobava encapsulada en aquests documents a l'espera d'un altre temps, d'una altra gent que els traguera a la llum i els tornara la veu. I així van ser arreplegats dels contenidors de fem, de les golfes de les cases o dels magatzems de paper vell, i van tornar a ser guardats per a la posteritat. És cert que aquest tipus de documents, que els tècnics en arxivística denominen com efímers, publicacions menors, literatura grisa o escrits privats, solen valdre poc individualment, però no és menys cert que adquireixen valor en el seu conjunt i que resulten imprescindibles per a acostar-nos al coneixement de l'activitat diària de les poblacions, dels seus sentiments i de la seua forma de sobreviure físicament i moralment en aquestes circumstàncies complicades. Ben documentats, ens ajuden a reconstruir eixa part de la nostra memòria que ens van arrabassar o que preferim oblidar.

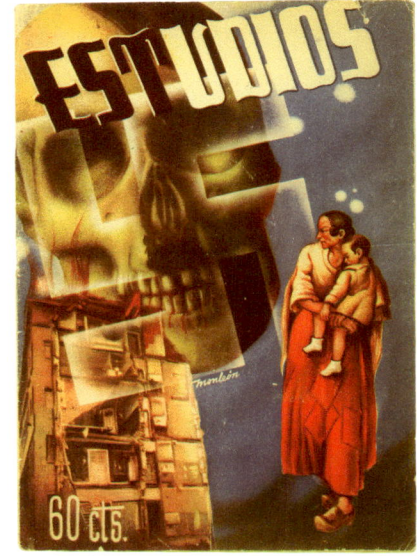

Les societats, per a construir la seua història amb majúscules, necessiten destacar uns fets històrics concrets sobre altres. Aquests són els que se solen presentar com les grans fites del nostre passat. Aquests grans fets històrics de naturalesa bèl·lica, política o econòmica solen ser reconeguts, i els més destacats, recordats. Encara que els esdeveniments i les seues interpretacions difereixen radicalment unes d'altres, depenent del corrent historiogràfic a què s'adscriga l'investigador que els analitza. Tots reconeixem la importància de fets històrics com ara: la Defensa de Madrid, la Batalla de l'Ebre o la Presa de l'Alcázar de Toledo. Però al mateix temps pareix que la vida quotidiana de la població, les històries amb minúscules, no són dignes de formar part de la Història amb Majúscules dels

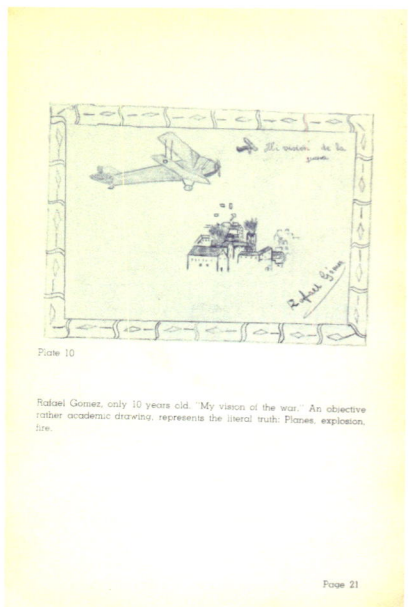

Rafael Gomez, only 10 years old. "My vision of the war." An objective rather academic drawing, represents the literal truth: Planes, explosion, fire.

Page 21

pobles, i és per això que pocs saben reconéixer com va ser la vida diària en una ciutat durant la guerra o a través de quins elements podem caracteritzar-la. Aquesta memòria de la vida diària és la que està encapsulada en aquest tipus de documents, que tècnicament classifiquem en efímers, publicacions menors, literatura grisa o escrits privats. En la societat actual, on els mitjans de comunicació que utilitzen la imatge i la paraula són predominants, hem acceptat, gradualment, que la presència d'aquest tipus de memòria del passat està depositada en el material fotogràfic, en les filmacions i naturalment en els testimonis orals, però és també per la mateixa raó que fins ens resulta difícil reconéixer-la en aquest altre tipus de documentació, habitualment en suport paper, que tan tardanament s'està recuperant de l'oblit.

La memòria de les nostres ciutats en guerra ha sigut quasi esborrada o només recordada des de la perspectiva dels vencedors. No sol ser així en altres ciutats europees, on el record de les dues Grans Guerres Mundials sol estar prou present, com per exemple a Berlín, Londres o Sant Petersburg. Podem caminar per la nostra ciutat sense que res ens recorde que fa 70 anys hi va haver una guerra en els nostres carrers. Només alguns senyals escassos ens indiquen que alguna cosa va passar. Algunes restes de pintura sobre la façana d'alguna església ens parlen que algú va caure per Déu i per Espanya. Alguns rètols, sobretot en el centre de les ciutats, amb unes grans lletres *Decó*, assenyalen la presència d'un lloc utilitzat com a refugi contra el bombardeig de l'aviació enemiga. Naturalment, sabem que hi va haver una guerra civil i hem estudiat el desenvolupament dels fets històrics més significatius, però sabem molt poc de com es va transformar l'espai de les nostres ciutats, de com es va preparar la població per als bombardejos aeris, de com es van transformar els seus habitants de ciutadans en soldats, de com els seus habitants van poder afrontar el dia a dia, de com es va construir la imatge dels herois i dels vilans i, finalment, de com es van emprar en la premsa les imatges de la guerra, per a crear un estat concret d'opinió pública.

Les guerres contemporànies tenen quelcom en comú: el seu impacte creixent sobre la població civil i sobre els nuclis urbans. No existeix en l'actualitat un lloc en el planeta que no puga convertir-se en objectiu militar i ser encertat en un breu espai de temps. En els conflictes moderns, on els espais de guerra són cada vegada més difícils de definir, les ciutats s'han convertit en fronts de guerra preferents.

L'interés de la temàtica exposada per a la recuperació de la nostra fràgil memòria històrica sobre tal període, l'oportunitat de comptar amb la magnífica col·lecció de documents Monreal-Cabrelles i el repte de vertebrar la presentació expositiva donant veu a la història a través d'aquesta fràgil documentació en paper, són les raons que ens han impulsat a produir l'exposició «Guerra en la ciutat *1936-1939*». A través de la col·lecció Monreal-Cabrelles. En l'exposició no sols pretenem recuperar la memòria històrica d'un període concret, sinó alhora plantejar una reflexió sobre el fenomen de la guerra en les ciutats i els seus efectes socials i culturals sobre la població, partint de la hipòtesi que la Guerra Civil Espanyola va ser una contesa plenament moderna en molts d'aquests aspectes.

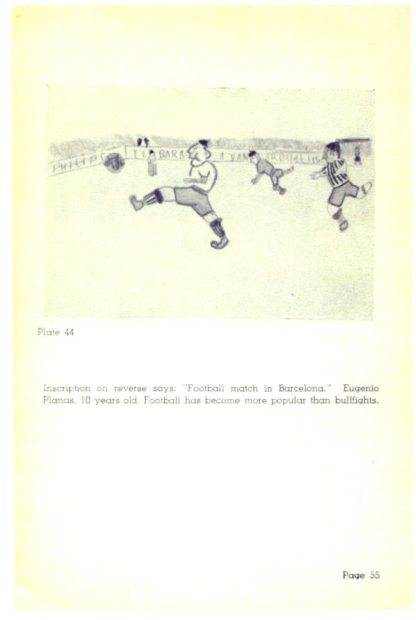

Plate 44

Inscription on reverse says: "Football match in Barcelona." Eugenio Planas, 10 years old. Football has become more popular than bullfights.

Page 55

La impressió que vam tindre quan coneguérem la col·lecció de documents Monreal-Cabrelles va ser que podíem recuperar, a través d'ella, el pols vital d'una ciutat en guerra, i fer-ho per mitjà de la presentació del cas de les ciutats valencianes durant la Guerra Civil.

D'aquesta manera és com, gràcies a la col·lecció Monreal-Cabrelles, podem presentar en l'exposició els documents que poden recuperar el nostre record o ajudar-nos a construir una memòria d'allò que va ser. Documentació que ens permet reconstruir què ocorre en una ciutat, és a dir, què els ocorre als seus habitants, quan per determinades circumstàncies es veuen obligats a viure embolicats en uns esdeveniments tan tràgics.

Quaderns i fullets per a preparar la població contra els bombardejos i la previsible guerra química; mapes amb l'emplaçament de les bateries de la defensa antiaèria en les ciutats; cartes d'un soldat a la seua nóvia en la rereguarda; contes

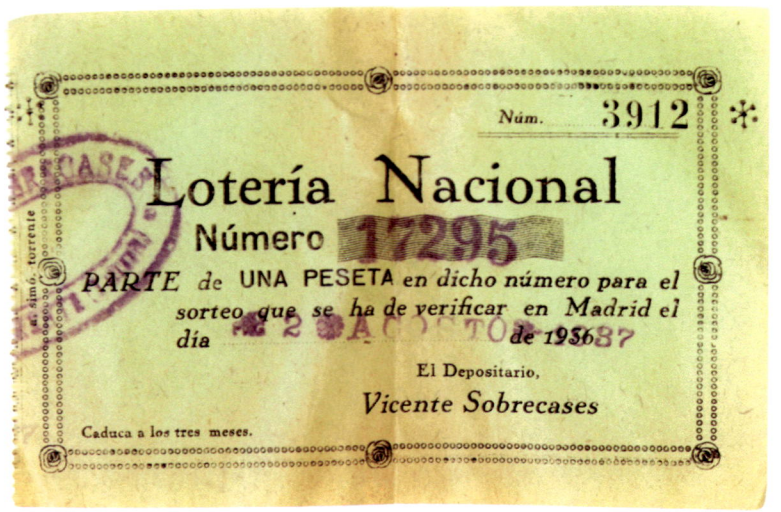

per a xiquets amb el rerefons de la guerra; quaderns de càlcul que sumen canons i no les pomes d'un temps de pau; llibretes d'instrucció militar omplides pels soldats; còmics i revistes d'humor per a elevar i formar la moral dels soldats; salconduits per a poder desplaçar-se d'un lloc a un altre; cupons per a arreplegar la ració de pa o la pastilla de sabó; entrades per a assistir a un partit de futbol del València; cartelleres d'espectacles per a oblidar la guerra, exhibint les pel·lícules americanes i soviètiques del moment; postals amb les imatges dels nous herois i líders a seguir, junt amb la forma d'identificar als enemics a perseguir; pasquins que en les seues consignes marquen quina hauria de ser la nostra conducta. Tot aquest variat tipus de documents es presenta en l'exposició per a ajudar-nos a recuperar la nostra memòria, principalment a través del fràgil paper.

En l'últim apartat de l'exposició presentem un interactiu denominat: «Les imatges de l'horror». Hi pretenem realitzar una reflexió final sobre l'ús de les imatges fotogràfiques com a forma de presentació de l'horror de les guerres a l'opinió pública contemporània, intentant que el visitant s'implique en el dilema: on s'hauria d'establir el límit de la presentació pública de la brutalitat humana.

En l'exposició «Guerra a la ciutat» a través de la col·lecció Monreal-Cabrelles, hem apostat per aquesta classe de documentació anteriorment descrita, com a principal recurs per a presentar i interpretar alguns aspectes socials i culturals que caracteritzen la vida en les ciutats en guerra, recolzant-nos de manera complementària en altres recursos habitualment més coneguts com ara la fotografia, la memòria oral i els objectes. Una sèrie de raons ens han impulsat a realitzar aquesta aposta per aquest tipus de documentació, com a recurs central de la presentació expositiva[1]:

- Sovint, aquests documents són l'única font d'informació sobre determinats esdeveniments o activitats socials de caràcter temporal o circumstancial.
- Constitueixen un element bàsic per a reconstruir la història o la participació de determinats organismes públics o privats de naturalesa política, social, econòmica o cultural, complementant els materials conservats de manera tradicional en els arxius, com són les fotografies o els documents oficials.
- Resulten ser el material documental idoni per a analitzar l'ús de les imatges gràfiques en la transmissió de missatges ideològics, amb voluntat evident d'influir en les actituds i les conductes dels ciutadans, per part d'institucions o associacions de caràcter polític i social, i de la seua evolució en el transcurs del període històric presentat.
- Són documents que tingueren una gran presència i impacte en la societat de l'època, per la seua difusió generalment elevada i la seua distribució gratuïta.
- Afectant, aquesta classe de documentació, tot tipus de públic, siga quina siga la seua edat, interessos o situació social, ens aporten una percepció global de determinats aspectes socials del període, molt difícil d'establir a través d'altres recursos documentals.

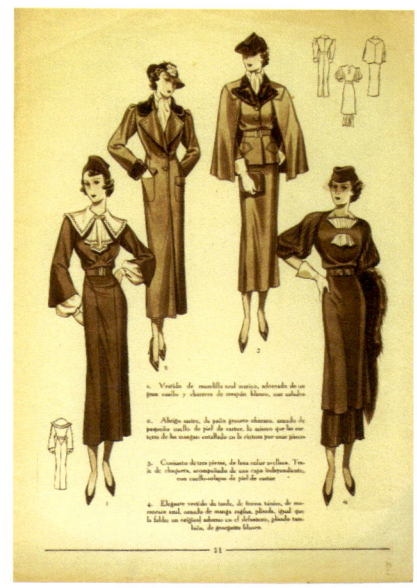

1. En este article, la classificació dels motius per a la conservació d'este tipus de documentació, ha seguit els plantejaments desenvolupats per Javier Docampo, de la *Biblioteca Nacional de Madrid* i Rosario López de Prado, de la Biblioteca del *Museo Arqueológico Nacional de Madrid* en la seua comunicació: *"¿Tiene los folletos de las últimas exposiciones?. Problemas y soluciones para un material descuidado en las bibliotecas de los museos"*. Presentada pels dits autors al 66 Consell i Conferència General d'IFLA, realitzada a Jerusalen en agost de 2000.

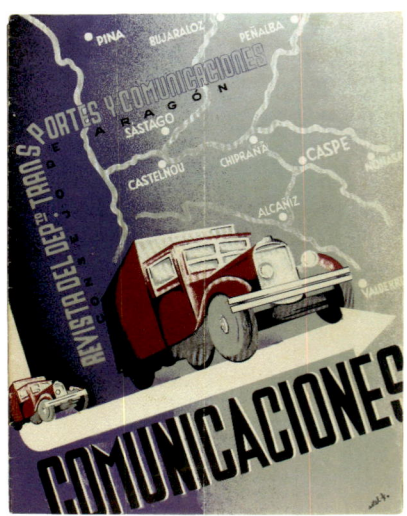

La nostra memòria sobre aquests aspectes socials depén, en certa manera, d'aquests poc valorats materials documentals de naturalesa efímera, menor, gris i fungible. Sense ells, seria molt difícil reconstruir els aspectes socials de determinats moments històrics i la seua repercussió sobre la població. És per tot açò que podem afirmar que la nostra memòria sobre determinats aspectes del passat és tan fràgil com el paper que la conté, i que, per tant, la seua recuperació per a la història social és necessària.

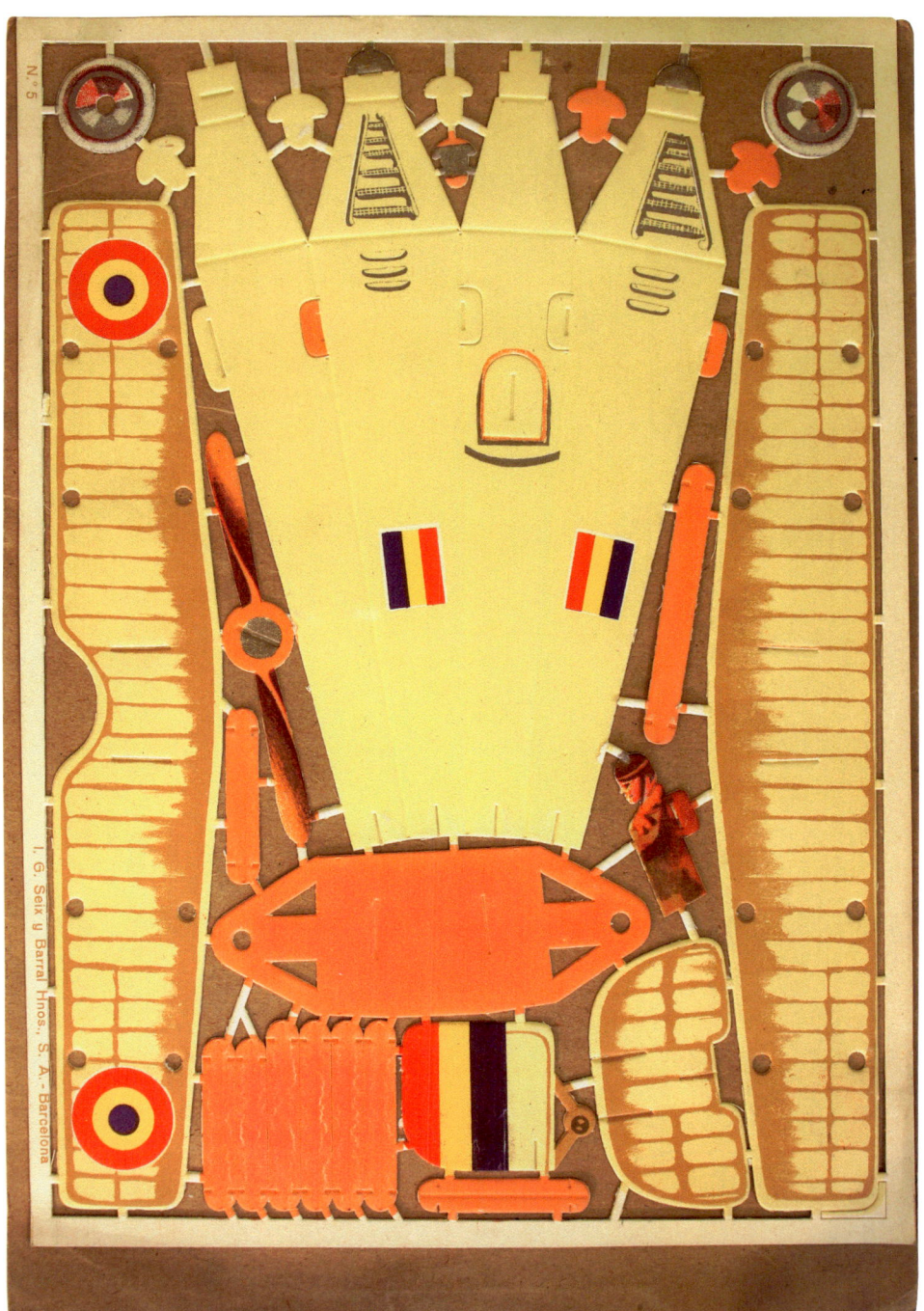

I. G. Seix y Barral Hnos., S. A. - Barcelona

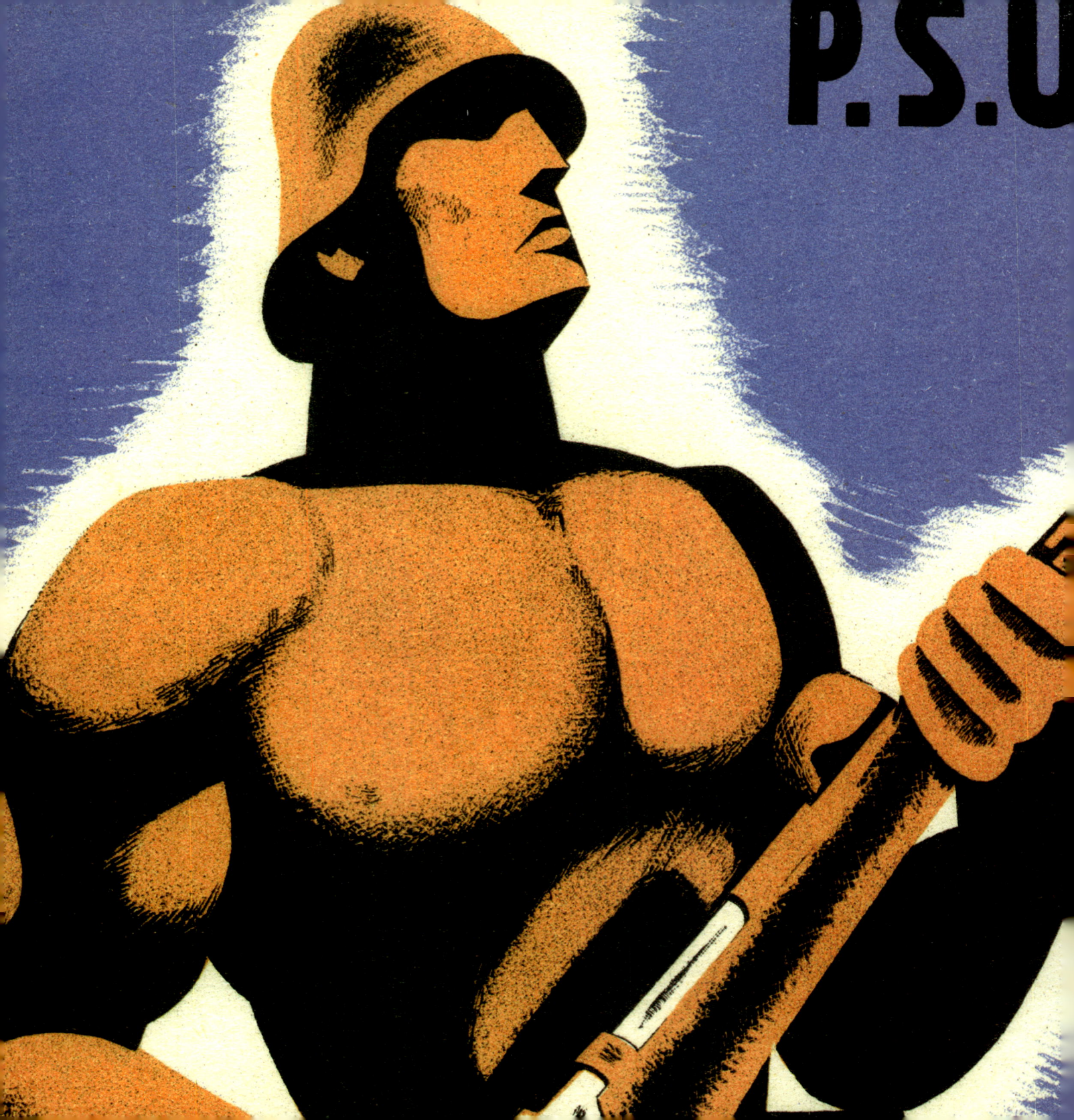

P.S.U

Entrevista amb Esteban Monreal

Per a qui no senta la passió del col·leccionisme sens dubte aquesta entrevista resultarà tota una experiència. Probablement els estudiosos de la ment humana puguen avançar hipòtesis sobre el motiu últim que subjau en la compulsió col·leccionista. D'altra banda, no resulta difícil traçar una genealogia històrica del fenomen del col·leccionisme. A qualsevol lector mitjanament instruït li ve al cap el col·leccionisme dels grans monarques del segle XVI com Felip II o el seu nebot, l'Emperador Rodolf II. En els orígens dels museus hi ha els gabinets de curiositats, tan propis de l'època moderna. Però aquest és un col·leccionisme qualitativament diferent de l'actual. Sens dubte, l'afany col·leccionista, tal com el coneixem hui en dia, és un vici burgés nascut amb la revolució liberal.

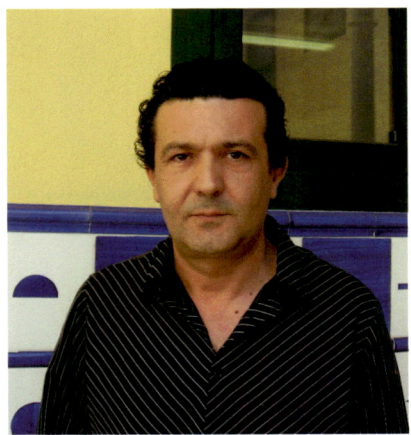

Però sens dubte, totes aquestes són tan sols formes d'eixir-se'n per la tangent. Diu una famosa anècdota que quan a Sir Edmund Hillary van preguntar-li sobre el perquè de la seua ascensió a l'Everest va respondre: «Està aquí». ¿Per què es col·leccionen coses? Perquè estan aquí. En un temps com el nostre, en el qual en les llistes dels llibres més venuts apareixen i reapareixen de forma continuada títols

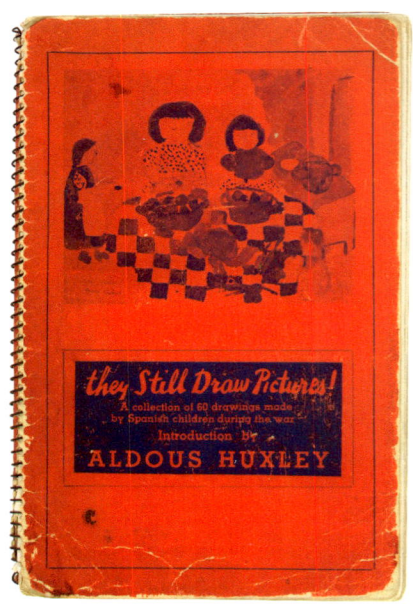

sobre intel·ligència emocional, equilibri emocional i altres diversos manuals de faça-ho vosté mateix (emocionalment) resulta interessant observar l'interés que Esteban Monreal (Múrcia, 1961) atorga al contacte emotiu que manté amb les peces que formen la seua col·lecció. No estem davant d'un estudiós de la Guerra Civil Espanyola, ni tan sols davant d'un erudit, ni un polemista, ni un acabalat diletant, ni menys encara davant d'un fan de la recreació històrica del període, figures totes elles abundants en l'Espanya de hui. Si se'ns permet la metàfora, estem davant d'un explorador. Davant d'aquell que pretén connectar amb una altra realitat (en aquest cas l'Espanya de fa set dècades) no mogut per un afany de vindicació històrica de qualsevol tipus, sinó amb l'objectiu d'experimentar una altra forma de vida, una altra forma de construcció cultural de la realitat. En altres paraules, amb el desig d'acostar-se a la perspectiva d'anàlisi que proporciona l'etnologia. Sens dubte, com veurà qui continue llegint (i hi haja prèviament mirat la introducció que obri aquesta publicació) l'interés del col·leccionista i dels comissaris conflu ix en un mateix lloc, cap a un mateix objectiu que el col·leccionista mateix resumix amb aquestes paraules: «El que m'interessa de la guerra civil és el tipus de societat que es crea pel fet de la guerra civil. Això és el que més m'interessa. Això ho vull deixar clar. La guerra civil fa que es geste un model de societat en el qual la gent aprén i viu amb la guerra civil». Eixe ha sigut l'objectiu comú cap al qual s'han dirigit els esforços de tots els que han participat en aquesta exposició.

MUSEU VALENCIÀ D'ETNOLOGIA (MUVAET). COMENCEM PER UNA COSA FÀCIL, ¿RECORDES QUINA VA SER LA PRIMERA PEÇA DE LA TEUA COL·LECCIÓ?

Esteban Monreal: Bé, no hi va haver una primera peça, n'hi va haver una successió dins de la col·lecció. Jo vaig començar de molt jove comprant segells a la Plaça Major de Madrid quan estudiava a Madrid, i em divertia comprar segells, però no m'omplia plenament. De gran, de bastant gran, em vaig adonar que aquella etapa era com un inici en el col·leccionisme. Allò ho vaig apartar perquè em vaig casar i em vaig dedicar a la vida familiar i llavors em va començar a entrar el cuquet de continuar col·leccionant i vaig reprendre la col·lecció de segells.

Vaig veure que això no era el meu i vaig dir: «doncs vaig a fer alguna cosa més arriscada», i vaig passar a col·leccionar segells, però en la carta. I no em convencia del tot allò, i vaig dir: «doncs segells en la carta... però cartes de la Guerra Civil». I ací és on vaig començar a descobrir la Guerra Civil. Això va ser aproximadament l'any mil nou-cents huitanta-nou, noranta.

¿HAS PENSAT ALGUNA VEGADA PER QUÈ TENIES EIXA NECESSITAT DE COL·LECCIONAR?

Eixa necessitat és innata. De ben xiquet, als set o huit anys, m'apassionaven les tertúlies familiars i les xarrades de persones grans que sempre, en aquells anys seixanta, incidien en les seues historietes de la Guerra Civil. No m'agradaven, o siga, no tenia interés per elles, però en sentir-les em quedava absort. També em passava veient cases antigues i tancades. Això em deixava com fora de mi, tenia com vibracions per a mi. Veia les persones grans, no solament com a persones grans, sinó com a persones d'una altra època.

I EL PAS D'ESCOLTAR EIXES HISTÒRIES AL FET DE COL·LECCIONAR, ¿COM VA SER?

Hi ha una edat que no penses a tindre material, no tens una capacitat seriosa, ni física ni psíquica de dir: «agafaré material». Ets un xiquet i el més que pots fer és escoltar, però això ja t'apassiona. En una etapa de la meua vida descobrisc la necessitat d'arreplegar material de la Guerra Civil, sobretot documentació. No qualsevol objecte, només documentació manuscrita o impresa.

LA TEUA COL·LECCIÓ NO ÉS MOLT COMUNA DINS DEL MÓN DEL COL·LECCIONISME DE LA GUERRA CIVIL. NORMALMENT LA GENT COL·LECCIONA CARTELLS O OBJECTES MILITARS. TU TENS UNA COL·LECCIÓ UN POC ESTRANYA, CENTRADA SOBRETOT EN DOCUMENTACIÓ I MATERIAL EFÍMER, ¿PER QUÈ?

Sí. Jo tinc els meus pensaments un poc surrealistes. Quan fantasiegem sobre qualsevol tema, perquè jo fantasiege amb la Guerra Civil, que òbric una finestra i en veig un panorama. Vull eixe panorama, i eixe panorama només pot vindre a mi,

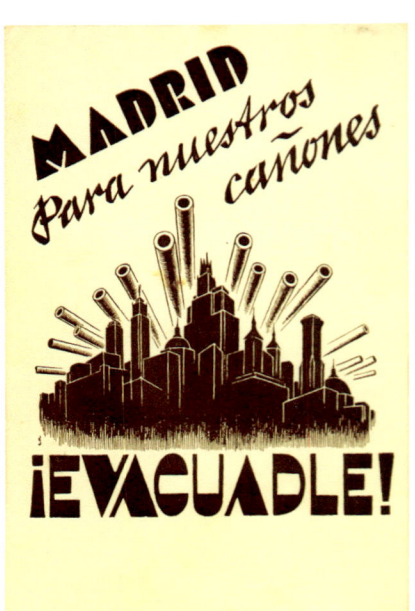

fer eixe bot en el temps per mitjà de documents o de material gràfic. Per mitjà d'objectes no ho sé, però sí que sé que no m'emocionen tant. Em pareix més llegat un document o un material gràfic que no un objecte.

HAS UTILITZAT UNA PARAULA INTERESSANT: EMOCIONAR. QUAN BUSQUES LES PECES, ¿BUSQUES QUE T'EMOCIONEN O BUSQUES PECES INTERESSANTS PER A LA COL·LECCIÓ?, ?QUÈ PESA MÉS?

Les dues coses. En un principi hi ha una càrrega emocional forta. Deu ser perquè contacte amb eixe temps, eixa finestra que vos he comentat..., puc rescatar eixa imatge. I el fet de tindre la peça doncs és com confirmar que has rescatat això. No em conforme només amb mirar, sinó amb posseir. Posseir pareix que em connecta més amb aquella forma de vida.

¿I ELS SEGELLS NO ET PRODUÏEN EIXA SENSACIÓ?

No. Crec que els segells eren com, com el descobriment d'una inquietud que havia d'acabar descobrint que el final era connectar amb la Guerra Civil. Però sí que tens la sensació de connectar amb alguna cosa i vas arreplegant coses, sempre coses del passat: segells, després cartes, i al final apareix la Guerra Civil. No he sentit la necessitat de fer cap altre bot per a arribar al que hi ha, diguem, escrit en mi.

¿I QUÈ VA PASSAR AMB ELS SEGELLS?

Es van vendre, els vaig canviar.

I TORNANT A L'INICI, AQUELLES PRIMERES PECES, ¿QUIN RECORD EN TENS, LES VAS COMPRAR, LES VAS TROBAR, TE LES VAN DONAR?

Bé, jo a poc a poc vaig anar descobrint on poder adquirir peces de la Guerra Civil, llibreries de segona mà, encants i alguna persona particular. Sense cap ordre perquè igual anava primer als encants, o a una llibreria o a un particular. No d'una forma agressiva, jo no anava a casa d'un particular sinó que anava a una persona gran, que jo considerava que havia estat en la guerra civil i li preguntava. O entrava en una llibreria de segona mà i em posava a buscar i a preguntar, i als encants igual. Als encants ja se sap la dinàmica, anar buscant per eixos calaixos que estan plens d'antigalles.

¿I RECORDES PER EXEMPLE EL TEMA DELS DINERS?

Jo un dia vaig estalviar cinc mil pessetes i me'n vaig anar als encants i no tenia ni idea, tenia moltes ganes i cinc mil pessetes. I eixe va ser l'inici. Bé, no va ser l'inici real però el considere com un punt de partida perquè va ser un dia en el qual jo vaig aconseguir un bon lot als encants. Et parle de l'any mil nou-cents noranta-dos. Va ser el primer, com es diu en el món del col·leccionisme, el meu primer lot de Guerra Civil que constava dels documents d'un senyor que havia estat al front i escrivia cartes a sa casa. Va acabar la guerra i continuava escrivint cartes des de la presó. Llavors, vaig obtindre un ventall entre cartes, postals il·lustrades, cartes del front i cartes de la presó. Tot això ho vaig prendre com un punt de partida.

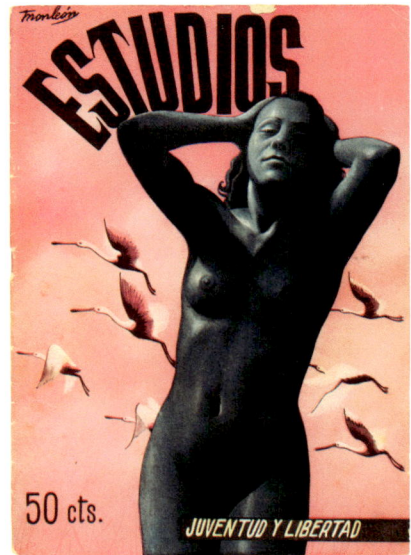

VAS COMENÇAR A CONSIDERAR-TE JA COM UN «PROFESSIONAL» DEL COL·LEC-CIONISME.

Sí, però vull matisar que no m'apassiona el col·leccionisme. El col·leccionisme és un mitjà per a arribar a satisfer el que jo vull, que és tindre un ventall gran de documentació de la Guerra Civil per a recrear-me o retrobar-me jo mateix amb una cosa que és una de les meues passions personals.

¿QUÈ ÉS EL QUE CREUS QUE T'APORTA LA COL·LECCIÓ?

M'aporta una felicitat efímera. A mi, el que més m'apassiona és el moment de la trobada. És el moment de seure a la taula, és el moment de fer-li un bes a una persona amada. La resta es dóna per fet.

¿VOLS DIR QUE DESPRÉS NO TORNES A LES PECES?

Menys, amb menys intensitat. Crec que és ja una trobada egoista. A mi, el que em produïx emoció és l'encontre.

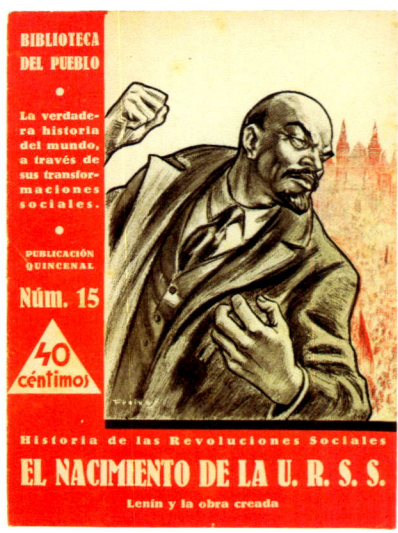

¿I QUE SENTS QUAN, PER EXEMPLE, OBRIS ELS SOBRES I LLIGES LES CARTES?

Doncs... sensacions molt físiques: em pose nerviós, se'm seca la boca; em vénen una sèrie de flaixos d'idees: ¿per què?, ¡que bé!, admiracions de xiquet.

I AIXÒ DURA MENTRES ET TROBES AMB LA PEÇA...

Això dura... no sé, un dia, dos, tres.

I, ¿FINS QUE TROBES LA SEGÜENT?

Patiment, ansietat.

ÉS UNA NECESSITAT.

Sí. Açò de buscar coses de la Guerra Civil, tal com les busque jo, és com quan somies amb una cosa, ho desitges però encara no pots fer-ho realitat. A vegades anar a buscar materials de la Guerra Civil em pareix això, eixe moment en què he pogut agafar el son i fer-lo realitat. ¿Per què?, perquè apareixen en llocs inversemblants, en moments que no t'ho esperes. Jo he anat a llocs que estava cantat que hi hauria coses i no hi havia res i al lloc més inversemblant han eixit coses meravelloses.

CREUS QUE EL FET QUE SIGA LA GUERRA CIVIL —TEMA PEL QUAL SENTS UNA PAS-SIÓ ESPECIAL—, INFLUÏX EN AIXÒ, O SERIA EL MATEIX AMB QUALSEVOL ALTRE TEMA?

Jo crec que tots els col·leccionistes, i els en demane perdó, col·leccionen objectes, una suma d'objectes. Jo col·leccione l'emoció del moment del desco-briment que em fa connectar amb altres modes de societat, amb altra gent. Jo quan agafe la peça, en la meua ment hi ha el que va representar en eixe moment en la vida. Quan m'ix un salconduit, pense en un senyor que li l'està ensenyant a un milicià que és en un lloc, i ho faig amb molts matisos: si no porta eixe docu-ment li podia costar la vida, etc., eixe document significa molta burocràcia dins d'eixe règim, burocràcia útil o inútil, no ho sé. Després hi ha una segona etapa que és tindre'l, arxivar-lo. Però si col·leccione no és per tindre'l, és per viure eixe moment, eixa connexió amb eixa altre forma de vida, amb eixa cosa quotidiana d'eixe moment. Les peces més estranyes sempre són les de les situacions i els moments més estranys i més inversemblants. Em produïxen més emoció.

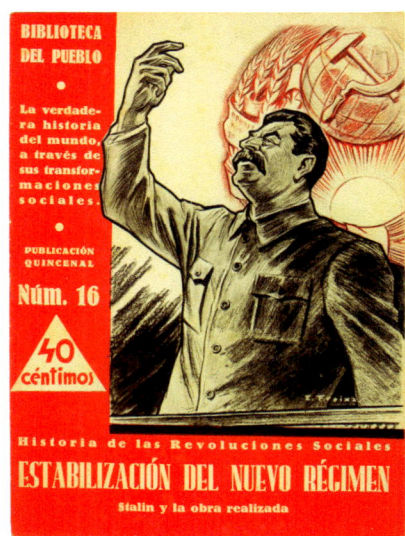

PER MOMENTS ESTRANYS, ¿ET REFERIXES AL MOMENT ORIGINAL EN QUÈ LA PEÇA ES VA CREAR O A COM TE LA TROBES TU?

No com la trobe sinó el perquè es va fer eixa peça. Per exemple, de les peces que més m'apassionen, és eixe salconduit de Burjassot. Si jo em situe en eixe moment, em produïx molta emoció.

DIUS QUE COL·LECCIONES SENSACIONS, ¿VOLS DIR QUE PODRIES OBVIAR EL FET DE TINDRE LA PEÇA A CASA?

No, és un complement. Les dues coses van unides.

NECESSITES TINDRE EL CONTACTE AMB LA PEÇA.

Sí, necessite experimentar l'emoció que em transmet eixa peça en tindre-la. És una cosa personal, és com si eixa emoció es transmetera directament des d'eixa època cap a mi. O siga, que percep jo només eixa emoció. Però també vull tindre-la físicament. Un té família perquè la té, perquè la posseïx, no perquè imagina que la té o perquè viu d'unes emocions. Igual amb la peça.

COMPARAT AMB ELS COL·LECCIONISTES DE GUERRA QUE CONEGUES O EL MÓN DEL COL·LECCIONISME EN GENERAL, ¿QUIN TIPUS DE COL·LECCIONISTA ET CONSIDERES?

Doncs crec que sóc un col·leccionista frustrat d'esta època. Jo trencaria tota la meua col·lecció si em donaren l'oportunitat de viure, des de la barrera, de l'any trenta-sis al trenta-nou. ¿Quin tipus de col·leccionisme és això?, no ho sé. Si jo poguera viure des de la barrera, i dic des de la barrera perquè així podria veure-ho tot, no m'abelliria tindre papers. Necessite saber d'allò, més que no saber, sentir

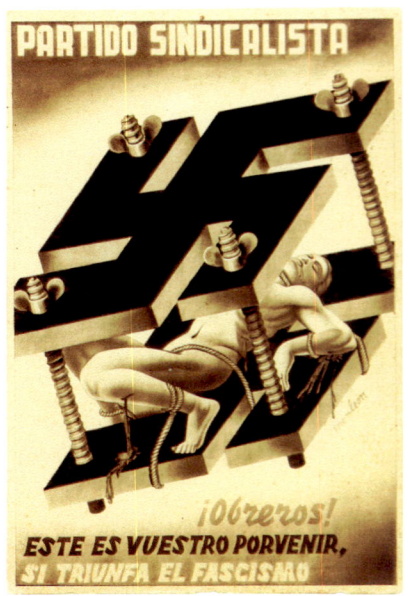

allò, i no des d'un punt de vista polític, sinó social. A mi, m'emociona molt saber que hi ha una senyora des de les cinc del matí fent cua per a agafar queviures, però m'emociona més que va de la mà del seu fill, i si estan sonant les sirenes m'emociona més..., i que darrere d'ells estan passant, no uns militars, sinó uns milicians, perquè en el milicià s'establix el binomi en civil-militar.

¿COM ACCEDIXES NORMALMENT A UNA PEÇA?

Això és com qualsevol procés comercial. La detectes per sort o perquè te la porten, hi ha una relació comercial, un tracte, es compra o te la donen i ja està. I s'obté la peça, poques vegades no s'obté, encara que mai no he rebutjat res. Normalment tot ho he aconseguit, no hi ha hagut moltes dificultats amb la gent.

I EL TEMA ECONÒMIC, ¿COM EL GESTIONES?

Mai no he fet eixe tipus de comptes. Normalment fins als últims anys comprar documentació de guerra civil era bastant barat en tant que compraves papers vells, o siga, el comerciant mai no et venia el que tu dins estaves sentint, mai no pagaves el que t'agradava. Hui es paga. Compraves papers vells. A mi, molta gent em deia: «açò es tenia ací, es podria i es tirava i ningú no en feia cas». Els últims anys ja va començar a ser car. Abans no calia marcar-se un pressupost. Jo tampoc no anava a coses espectaculars, com a grans cartells, grans obres gràfiques, anava per paper quotidià que era el que jo més anhelava. Puc dir-te que he sigut afortunat, mai no m'han eixit les coses cares. Sempre ha sigut doncs com una despesa de qualsevol persona que té un *hobby*, llegiu anar al futbol o anar-se'n amb els amics a fer-se alguna cosa, no ha sigut res desgavellat. Tampoc no he anat a llocs on tenien una minuta elevada. Els particulars sempre han sigut molt generosos, m'ho han donat pel gust pel tema.

¿HAS HAGUT DE RENUNCIAR A ALGUNA COSA PER LA COL·LECCIÓ?

Només a una cosa molt important: més o menys deu anys d'eixa constant vida familiar. Jo tenia el meu treball i el meu temps lliure el dedicava a buscar Guerra

Civil. Deixava un poc de costat la vida familiar, però sense cap intenció maliciosa. Per a poder aconseguir he d'eixir i si isc no estic amb la meua família. Vos parle d'eixir de dilluns a dilluns.

¿I COM HA VISCUT LA FAMÍLIA...?

Bé, amb paciència. A poc a poc ho han anat entenent. La veritat és que açò és difícil d'entendre perquè per a la gent normal açò no deixen de ser papers vells. Jo és que, a casa, no és un tema que els interessara personalment. Però sí que els agradava que jo fóra feliç amb això. L'únic comentari sempre ha sigut: «hui he aconseguit una cosa bona» o «vinc content, he tingut un bon dia, hui». I res més.

¿I AL TREBALL?

No l'he deixat al marge, és a dir, al treball no he comentat res d'aquest tema perquè el treball és, per sort o per desgràcia, el que manté la meua vida econòmica, llavors el tinc com una prioritat dins de la meua vida. La col·lecció és una prioritat, però dins del meu temps lliure.

¿PENSES QUE ELS TEUS COMPANYS HO ENTENDRIEN?

No. Tampoc no vull que ho entenguen. No em fa falta. Açò és una cosa molt personal.

¿I AMB ALTRES COL·LECCIONISTES QUE SÍ QUE PODEN ENTENDRE'T?

Sí, amb ells en parle bastant.

ALGUNA VEGADA HAS HAGUT DE BARALLAR-TE AMB UN ALTRE COL·LECCIONISTA PER UNA PEÇA?

Sí, sempre. Almenys jo anava amb ganes de lluita, jo anava pensant: «no se m'ha d'escapar». També amb l'amo. Ací les sensacions més amargues afigen valor a les teues emocions. És a dir, anar per aconseguir la peça era una lluita, anem-hi, com si entres en una selva, però això és l'adequat en aquest tipus de col·leccionisme. Es patix molt. Es patix molt, però eixe patiment porta quasi sempre al fruit d'aconseguir una peça. Sempre hi ha la incertesa de ¿podré o no podré aconseguir-la?, ¿què passarà? Eixe patiment està dins del procés d'aconseguir la peça.

MAI HAS REBUTJAT UNA PEÇA, PERÒ ¿QUÈ PASSA AL PODER ACONSEGUIR ALGUNA COSA QUE SABIES QUE ES TROBAVA AQUÍ?

¿Què passa?, un caramel i dos xiquets i el caramel li'l donen l'un a l'altre. La mateixa emoció, la mateixa rebequeria. No t'enfades justificadament, t'entra una ira, una malícia, un espeternec, un odi que dura bastant dies fins que vas moderant eixa mala sensació creient-te que prompte t'eixirà alguna cosa molt interessant, alguna cosa que omplirà eixe malestar. Això és el que passa. I desapareix la mala sensació perquè ja en eixe moment et donen una bossa de caramels nova.

¿TENS ALGUNA PEÇA O ALGUN GRUP DE PECES DE LES QUALS TU MAI NO TE'N DESFARIES?

Això mai no se sap. És tot molt normal, un col·leccionista detecta una peça que potser és de les que mai et desprendries i t'oferixen una cosa que t'ompli més, llavors estàs en un escac i al final claudiques. Ara, el que sí que sé en aquest moment és que no tinc moltes peces, tinc una peça que és la meua col·lecció. La meua col·lecció és una peça, no tinc cap peça millor. Quan estic un moment sol amb les meues peces, doncs aquesta la vull més, aquesta la vull menys..., però la meua col·lecció és una peça, que és la suma de totes. Així que en aquest moment no me'n desprendria de cap.

PERÒ, PER EXEMPLE, A TU ELS CARNETS T'APASSIONEN..

A mi m'apassionen els carnets. I m'apassionen els carnets perquè també un va madurant i veu més possibilitats de formar una col·lecció a banda, perquè seguir amb el tipus de col·lecció que porte hui dia és molt difícil. Els carnets he descobert que m'agraden bastant, per a mi un carnet és un codi de barres d'eixe moment, i he optat per paralitzar un poc el maremàgnum que tinc de col·lecció i dedicar-me a aconseguir carnets. Al final de tot en la col·lecció hi ha una línia que t'agrada més. Perquè crec que és un escaneig del moment, l'època, la persona, la situació, la condició, etcètera, etcètera. És un dels documents més complets que hi ha en la Guerra Civil i que més transmeten. Tot això comença a ser un embrió de la col·lecció de carnets.

¿CREUS QUE ALGUNA VEGADA LA COL·LECCIÓ ESTARÀ ACABADA, QUE ESTARÀ COMPLETA?

No, no, mai. La col·lecció és un pou cec, o siga, un pou que no té fons..., mai. A vegades ho he pensat, he pensat junt amb altres col·leccionistes què és tindre poc, molt o massa. Jo crec que no perquè l'ansietat seguix des que vaig tindre la primera peça fins a les que tinc ara, l'ansietat és la mateixa, o siga, el buit que hi ha és el mateix. Sempre continuarà faltant-hi. A més, com més tens descobrixes que més et falta.

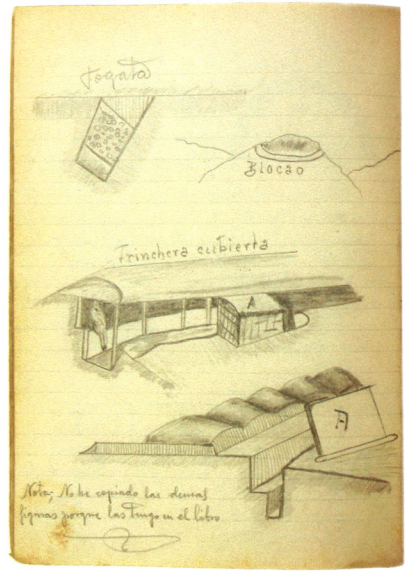

QUAN TENIES LA COL·LECCIÓ A CASA, ¿COM L'ORGANITZAVES?, ¿FÍSICAMENT ON LA TENIES?

Doncs en arxivadors. ¿Amb quins criteris?, periòdics amb periòdics, carnets amb carnets, cartes amb cartes, targetes amb targetes. Això ho feia quan ja tenia un nombre que a mi em deia: «arxiva-ho ja així», sinó ho tenia tot remenat, en una caixa. Quan tenia ja un nombre determinat d'alguna cosa que representava el mateix en eixa època doncs ja ho guardava en arxivadors de grandària holandesa, grandària foli, en un armari, i els periòdics en caixes en què caberen en pla.

I EL QUE ÉS L'ORGANITZACIÓ INTERNA, EL SABER CADA COSA D'ON HAVIA VINGUT, ON L'HAVIES COMPRADA, QUAN L'HAVIES ADQUIRIDA, QUANT T'HAVIA COSTAT..., ¿AIXÒ NO T'HA INTERESSAT MAI?

Això no em produïx cap tipus d'emoció. ¿Qui?, no m'interessava. Jo quan veia la peça deia: «setanta anys en un segon, en un moment», em feia la sensació que

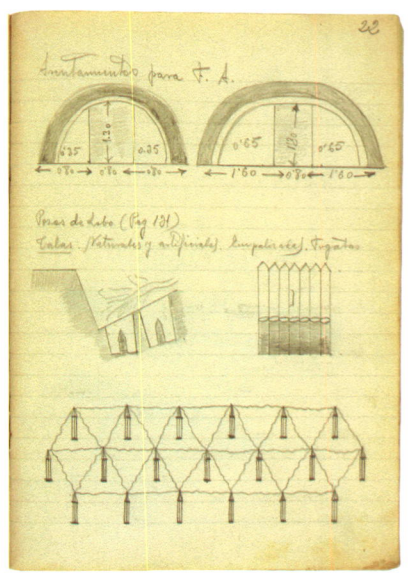

estava connectant amb el moment. El que sí que m'ha produït molt de morbo, si és adequada la paraula, és que la mateixa peça, trobada in situ, després de setanta anys dormint en un porxo em produïx més emoció que si eixa mateixa peça l'agafa un comerciant, li la passa a un col·leccionista i el col·leccionista me la passa a mi. El perquè no ho sé. Em pareix que hi ha una connexió més directa si sóc l'últim i agafe el relleu, com en una cursa. La persona la va deixar allí durant la Guerra Civil i vaig jo i l'agafe. Eixe relleu em fa més sensació que si me la porten de terceres o quartes mans.

¿T'HA PASSAT ALGUNA VEGADA EIXA SITUACIÓ, O FINS I TOT, QUE LA MATEIXA PERSONA, EL PROTAGONISTA —SUPOSADAMENT— DE LA PEÇA TE LA DÓNA, A TU?

Sí. Una vegada em va passar que vaig aconseguir totes les cartes d'un combatent i tenia el combatent mateix davant. Podia tindre uns setanta i tants anys, estic parlant dels anys mil nou-cents noranta, mirava la persona i l'obviava. No obstant això, el material em produïx una sensació especial, no sé ser d'una altra manera. Sóc molt visceral. M'era indiferent la persona perquè no era d'eixe moment. No l'hauria obviat si m'ho haguera donat el xaval de vint anys que va ser. És com va dir Rafael Alberti. Rafael Alberti que se'n va anar a l'exili i va tornar, ¡amb unes ganes de veure Madrid! Quan va vindre a Madrid es va decebre en veure'l, ¿per què?, ¿per l'urbanisme en si d'eixe moment?, no. Perquè Rafael Alberti s'adonà que ell volia veure el Madrid dels seus vint i escaig anys i amb l'estat emocional d'eixe moment. A mi m'ha passat el mateix. Volia al davant el combatent, o siga, la veu viva i directa. I vull eixa persona amb els seus vint-i-cinc anys al front. Això ens passa a tots. L'efecte d'un regal, a un xaval de huit anys l'efecte que li fa un regal per Reis és molt més intens que quan a les persones ja madures ens fan un regal per Reis.

¿QUIN FUTUR VEUS A LA COL·LECCIÓ?

M'agrada que una altra gent la veja, les emocions que els transmet doncs, bé, que siguen d'interés. El mínim és que siguen d'interés, ja altres emocions tant em fa. El futur és incert, plantejar-me això del futur de la col·lecció és incert. ¿Què passarà amb la col·lecció?, no ho veig clar. M'agradaria que es depositara en una institució, somie que la seguisca un altre col·leccionista, però això és un futurible potser d'ací cent anys. La meua col·lecció ara és la meua col·lecció. Però d'ací cent anys, ¿què passarà, què serà de la meua col·lecció? Que estiga en una institució, però que estiga viva o que seguisca en mans d'un altre col·leccionista, però que no muira.

LA TEUA COL·LECCIÓ ARA COMENÇA A SER MÉS CONEGUDA…

Home, la publicitat no és una finalitat, sempre és un mitjà per a adquirir altres coses: que tinga un *caché*, que la col·lecció siga valorada, que econòmicament tinga un pes i després que es faça amb ella el que es vulga quant a la investigació. Com més publicitat tinga doncs crec que el seu *caché* econòmic s'elevarà més. De la meua col·lecció et puc garantir que algú la transformarà en diners. Això sí que ho garantisc, però no sé qui, al final totes eixes coses es transformen en diners, acaben sent un producte.

PERÒ, A BANDA DEL QUE ÉS LA COL·LECCIÓ, ¿LLIGES LLIBRES, VEUS LES PEL·LÍCULES QUE S'ESTRENEN…, T'INTERESSA APROFUNDIR MES ENLLÀ?

Molt poquet. No m'hi interessa. Pose un poc d'interés en alguna cosa fàcil com algun documental. En qüestió de llibres, fullejar-los… Crec que no tinc un interés des del punt de vista intrínsecament històric sinó que tinc un interés per connectar cada vegada més físicament amb l'època. És a dir, anar a parar, no a l'excombatent de huitanta anys, que per a mi l'excombatent de huitanta anys és una persona de hui i amb el context de hui. No, a mi, m'agradaria parlar amb ell quan estava gelat a la trinxera. És clar que això és impossible. Pots aconseguir-ho uns moments però és un gaudi efímer.

LES TEUES PECES SÓN QUASI TOTES DE LA ZONA REPUBLICANA.

Sí, crec que la Guerra Civil es fa, es gesta, es manifesta a la zona republicana. La Guerra Civil crec que és més del bàndol republicà perquè es crea una societat on s'aprén a viure amb eixa guerra. És a dir, els vals a nivell de comerços, a nivell de poblacions, això és propi de la zona republicana. Els comités, la descentralització del govern central, cada poble tenia el seu propi govern, les seues normes, la infinitat de decisions que es prenen en l'esfera de pobles petits que van deslligades de governs centrals. El mateix fet militar també va molt descentralitzat. El que m'interessa de la Guerra Civil és el tipus de societat que es crea pel fet de la guerra civil. Això és el que més m'interessa. Això ho vull deixar clar. La Guerra Civil fa que es geste un model de societat en el qual la gent aprén, aprén i viu amb la guerra civil.

I L'ÚLTIMA, ¿QUÈ ESPERES DE L'EXPOSICIÓ?

Una altra emoció efímera. Em fa por quan isca per la porta cap a ma casa. No en sé el motiu. Les emocions no tenen una justificació. Pensaré que les mateixes emocions que jo he tingut potser les tinga una altra gent. També potser tindran altres emocions, però també sentiran alguna cosa. Això em transmetrà, a mi, que he fet una labor interessant. ¿He descobert alguna cosa, he sigut capaç d'emocionar a la gent? La vida són emocions.

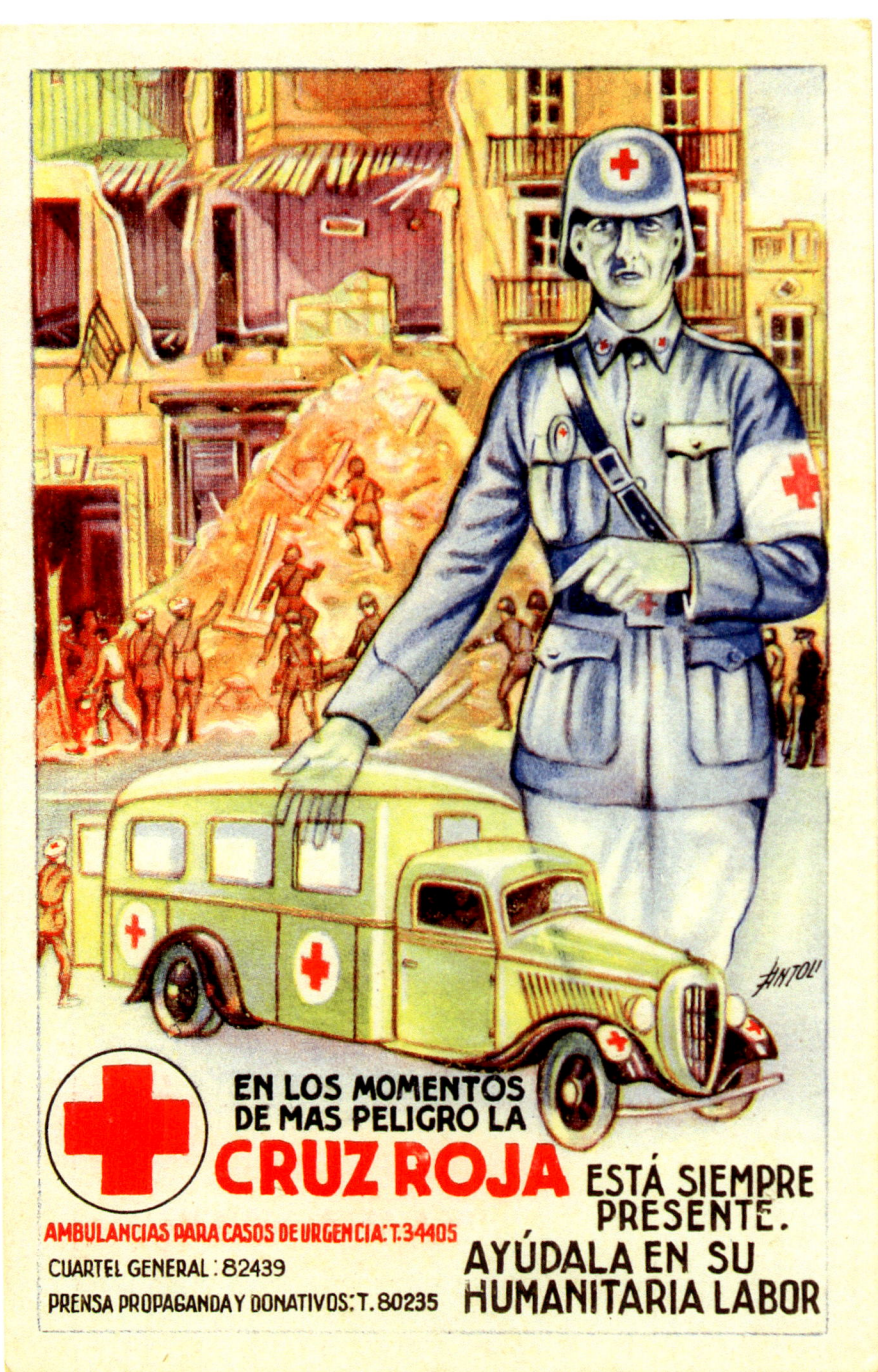

Este llibre es va acabar d´imprimir
el 7 de novembre de 2007,
71 aniversari del trasllat del
govern de la Segona República
de Madrid a la ciutat de València